KB110873

느리지만 강력한 힘,

끈기
Patience

느리지만 강력한 힘, 끈기

발행일	2017년 04월 03일		
지은이	정 용 기		
펴낸이	손 형 국		
펴낸곳	(주)북랩		
편집인	선일영	편집	이종무, 권유선, 송재병, 최예은
디자인	이현수, 김민하, 이정아, 한수희	제작	박기성, 황동현, 구성우
마케팅	김회란, 박진관		
출판등록	2004. 12. 1(제2012-000051호)		
주소	서울시 금천구 가산디지털 1로 168, 우림라이온스밸리 B동 B113, 114호		
홈페이지	www.book.co.kr		
전화번호	(02)2026-5777	팩스	(02)2026-5747

ISBN 979-11-5987-507-6 03320(종이책) 979-11-5987-508-3 05320(전자책)

이 도서의 국립중앙도서관 출판예정도서목록(CIP)은 서지정보유통지원시스템 홈페이지(http://seoji.nl.go.kr)와
국가자료공동목록시스템(http://www.nl.go.kr/kolisnet)에서 이용하실 수 있습니다.
(CIP제어번호 : CIP2017007975)

(주)북랩 성공출판의 파트너

북랩 홈페이지와 패밀리 사이트에서 다양한 출판 솔루션을 만나 보세요!

홈페이지 book.co.kr   1인출판 플랫폼 해피소드 happisode.com

블로그 blog.naver.com/essaybook   원고모집 book@book.co.kr

느리지만 강력한 힘,

끈 기

Patience

오늘도 실패한 당신에게 내미는 성공의 열쇠

정용기 지음

북랩 book Lab

뭔가를 중도에 포기하는 일이 생길 때마다 나 자신이 한심스럽고 답답했다. 늘 결심을 하고 목표를 세우고 계획을 잡을 때까지는 눈앞에 푸른 꿈이 현실처럼 펼쳐졌다. 그러나 길게는 몇 달, 짧게는 불과 며칠 만에 의욕은 떨어졌고 거창했던 꿈과 목표는 사라지고 말았다. 되풀이되는 중도 포기! 대안이 필요했다.

나는 현재 세일즈와 컨설팅 업무를 하고 있으며 미래의 꿈을 위해 학생들을 가르치고 있다. 특별히 자랑할 만한 업적이나 평판을 가진 사람이 아니다. 한때 나는 평범한 대기업 직장인이었다. 그러나 아프리카에 다녀오면서 새로운 삶을 살기로 다짐했다. 누구보다 넘치는 열정과 불타오르는 의지가 있었고, 나만의 길을 가겠다는 분명한 뜻을 세웠었다. 그러나 세상은 호락호락하지 않았고, 능력과 열정 사이에 존재하는 큰 장벽에 가로막히고 말았다.

퇴사 후 나는 아프리카 선교를 꿈꾸었고, 사업을 준비하던 중 좌절했다. 예상보다 많은 장애물이 있었고, 그에 가로막힐 때마다 생기는 두려움이 나를 움츠러들게 했다. 대학원을 준비하다 포기했고, 전문적으로 학생들을 가르쳐보려다가 포기했다. 영어공부도 마찬가지였고 운동도 다를 바 없었다. 끊임없이 자기합리화를 했다.

'포기할 만했어.'
'더 해봤자 결국 실패했을 거야.'
'시간과 노력을 아낀 거지, 뭐.'
'저런 건 능력 있는 사람들이나 하는 거야.'

어느 순간 나 자신에 대한 신뢰와 믿음이 사라지고 있음을 발견했다. 자신을 믿지 못했다. 도전하겠다는 마음이 생길 때마다 결국 포기할 거라는 의식이 나를 지배하고 있었다.

한때 나는 내가 행운이 따르는 사람, 무슨 일을 해도 항상 잘 풀리는 사람이라고 믿으며 살았었다. 그런데 어느새 무기력하고 소극적인 모습만 남은 듯했다. 초조하고 답답했다. 아무것도 할 수 없을 만큼 지치고 힘이 들었다.

이겨내고 싶었다. 자신만만했던 예전의 모습을 되찾고 싶었다. 성공과 관련된 책들을 수도 없이 찾아 읽기 시작했다. 강의를 찾아 듣고, 조언을 구하러 다녔다. 그러면 그 순간에는 당장에라도 그들과 같은 성공의 길로 다가갈 수 있을 것 같다는 확신에 마음이 편해졌다. 하지만 그것도 잠시, 열정과 의지는 금세 사라졌고 처음보다 더 큰 실망감과 후유증이 찾아왔다.

무엇이 문제일까? 어디서부터 잘못되었을까?

어느 날, 어린 시절 일기장을 발견하고 그때의 느낌이 좋아 일기를 다시 쓰기 시작했다. 흥미로운 감정이었다. 일기를 쓰는 과정에서 위로도 받고, 마음도 편안해졌다. 추억을 떠올리며 과거로의 여행을 떠나기도 했다. 일기를 쓰는 과정에서 답을 찾았다. 내가 왜 그토록 실패를 반복하고 목표를 달성하지 못했는지 원인을 알 수 있을 것 같았다. 결국 답은 '끈기'에 있었다.

우리는 다양한 성공의 이론과 방법에 목말라 한다. 그것을 배우고 익히기 위해 엄청난 시간과 돈을 투자한다. 다양한 방법을 실천하고 적용해 보지만, 어느새 지친 나를 발견하곤 한다. 이론이나 방법이 중요한 것이 아니었다. 느리더라도 끝까지 가는 힘, 바로 '끈기'가 핵심이었다.

오직 목표를 향해 묵묵히 걸어가는 힘, 이것이 바로 거북이의 승리 요소다. 토끼와의 승부는 중요치 않다. 거북이는 언젠가 반드시 목표에 도달한다는 사실이 가장 중요하다.

'끈기'라는 근육을 키우기 위해 노력했고, 지금도 진행 중이다. 그러자 자신감이 생기고 나 자신을 신뢰하기 시작했다. 의외로 많은 사람들이 스스로를 끈기없는 사람이라고 여기고 있다. 하지만 우리 모두는 사실 '끈기'를 가지고 있다. 다만 발견하지 못했을 뿐이다. 재능과 환경을 뛰어넘어 보자. 이 책에 담긴 나의 이야기가 독자들에게 도움이 되길 바란다.

2017년 3월
정용기

제5장 끈기를 키우는 방법

제1장

항상 실패하는 사람들

금연과 다이어트

위대한 성과는 힘이 아닌 인내의 산물이다.
— 새뮤얼 존슨

연말이 되면 사람들은 지난해를 의미있게 마감하고 새해를 힘차고 멋지게 시작하기 위해서 많은 모임을 가진다. 12월과 1월에는 어떤 곳에 가더라도 어렵지 않게 다양한 종류의 모임들을 볼 수 있다. 학교 동문회, 회사 모임, 동호회 모임 등. 너무나 많은 모임이 있어서 이루 헤아리기도 어려울 정도다. 그런 모임에서 사람들은 새해에는 무엇을 하고 싶고, 무엇을 하겠다는 다짐을 하면서 서로를 격려한다. 그러나 그런 목표나 희망 사항들이 사실상 매년 반복된다는 사실을 깨닫는 건 어렵지 않다. 우리가 의욕적으로 다짐하던 것들을 매번 실패하거나 포기한다는 것이다.

물론 모든 사람이 그런 건 아니지만 분명한 건 많은 사람들이 이 말에 공감할 것이라는 거다. 우리는 매년 비슷한 목표와 계획을 끊임없이 세우고 포기하며 살아가고 있다. 어쩌면 끊임없이 실패하며 살아가고 있는지도 모르겠다.

예를 들어보자. 남자들이 새해를 맞이하여 가장 많이 다짐하는 흔한 목표가 바로 '금연'이다. 건강을 지키거나 돈을 아끼기 위해서지만 주변의 권유나 환경의 영향을 받아 결심하게 되는 경우도 있다. 이유는 제각각일 수 있지만 목표는 오직 '금연'이다. 말 그대로 흡연을 중지하는 것이다. 그런데 문제는 이 금연이라는 다짐을 주기적으로 반복하고 있다는 사실이다. 실제로 통계에 의하면 새해가 되면 담배의 판매량이 일시적으로 감소한다고 한다. 새해 첫 다짐을 실천하며 담배 소비가 일시적으로 감소하는 것이다. 하지만 판매량은 금세 회복된다. 금연을 결심한 사람들의 손에는 담배가 들려있고 그들이 흡연구역을 찾는 모습은 자연스러워진다. 처음엔 각각의 이유로 금연을 다짐하지만 얼마 후엔 금연을 할 수 없는, 아니 금연을 하고 싶지 않은 이유들이 가득해진다. 결국 스스로의 다짐이 자연스럽게 무너지는 것이다.

주변에서 쉽게 볼 수 있는 내 지인의 사례다. 이 과장은 내가 처음 입사한 회사의 유능한 선임이었다. 뛰어난 학벌은 아니었지만 워낙 업무 능력이 우수하고 대인관계도 원만했다. 말 그대로 팀의 에이스였다. 사람을 워낙 좋아하는 성향이라서 언제나 주변에는 사람들이 많았고, 언제나 사람들과 함께 시간을 보내는 걸 즐겼다. 그런데 어느 날 회사에 금연 지침이 내려왔다. 그룹본부에서 계열사별로 금연서약서를 작성하고, 사무실 근처에서 흡연 적발 시 처벌하겠다는 지침이었다. '그래, 이참에 건강도 챙기고 회사에 충성하는 마음으로 담배를 끊어보자'고 결심한 이 과장은 1월 1일부터 금연하겠다고 다짐을 했다. 그동안 함께했던 주변 흡연자들은 흡연을 위해서 100m 이상 떨어진 곳에서 담배를 피우고 돌아왔다. 하지만 이 과장은 그 모습을 보며 저렇게는 하고 싶지 않다며 금연의 다짐을 확고히 하는 듯했다. 그러나 1월 둘째 주 월요일에 회식이 있었다. 이때 이미 그는 다른 사람들이 담배를 피우는 모습만 봐도 강력한 흡연 유혹을 느끼고 있었다. 결국 스트레스받아가며 금연하는 게 몸에 더 해롭다는 주변의 유혹에 못 이겨 담배를 피우고 말았다. 오늘만 딱 한 번 피우고 내일부터 다시 금연하겠다는 다짐은 지켜지지 않았다. 1월 중순이 지나자 그런 다짐도 하지 않게 됐고, 결국 그는 금연을 나중으로 미뤘다.

이런 중도 포기는 우리 주변에서 흔한 경우다. 반면 여성들의 대표적인 새해다짐은 '다이어트'다. 연초마다 피트니스 센터와 병원에는 이런 다짐을 한 여성들로 발 디딜 틈이 없다. 새해에는 반드시 건강하고 날씬한 몸을 만들겠다고 다짐하며 피트니스 센터에 등록하는 것이다. 운동으로 하는 다이어트가 자신 없는 사람들은 의학의 힘을 빌리기도 한다. 그들은 좋은 병원, 유명한 병원을 검색하기에 바쁘다. 시중에는 온갖 좋다는 약과 다양한 다이어트 방법들이 넘쳐난다. 방송에도 다이어트에 성공한 사람들이나 트레이너들이 나와서 가장 좋은 다이어트 방법이라며 무언가를 홍보하고 설명한다. 이런 걸 보다 보면 한국에는 날씬한 사람들만 있을 것 같은 착각마저 든다. 하지만 막상 현실은 그렇지 않다. 매년 다짐과 결심을 하는 이들 중 다이어트에 성공하는 사람들은 극소수에 불과한 것이다.

나의 친구인 민수의 새해 목표는 매년 다이어트다. 매일 '다이어트'라는 말을 입에 달고 산다. 하지만 언제나 상태는 그대로다. 1월이면 다이어트를 하겠다고 피트니스 센터에 등록해서 첫 일주일 동안은 퇴근 후 곧장 달려간다. 땀을 흠뻑 흘리고는 스스로 뿌듯해한다. 많은 땀을 흘렸으니 당장에라도 2~3kg은 빠질 것 같은 착각에 빠지는 것이다. 그러다가 회식이 생기거나 약속이 생긴다. 하필이면 친구들 모임에서 가장 좋아하는 음식을 먹는다는 것을 알게 되면서 더욱 강한 유혹을 받게 된다. 한 번쯤은 운동을 빠져도 괜찮다는 유혹에 빠져드는 것이다. 그러다 보면 온갖 핑곗거리를 생각해 낸다. 살 뺀다고 스트레스를 받으면 업무에 차질이 생길 거고, 그러면 회사에서 쫓겨날 거라는 생각까지 든다. 그렇게 한번 빠지기 시작하면 점차 의욕은 사라진다. 결국 다이어트는 나중에 하자며 스스로를 위로하고 편안한 마음으로 다시금 일상의 모습으로 돌아오게 된다.

우리와 비슷한 평범한 사람들의 모습이다. 매번 비슷한 다짐을 하지만 얼마 지나지 않아 할 수 없는 다양한 이유들로 포기를 반복한다. 다짐을 하고 계획을 세우는 행동은 칭찬할 만한 일이다. 수많은 자기계발서와 유명한 강의들에서도 끊임없이 말한다. 원대한 꿈과 목표를 세우라고 말이다. 하지만 생각보다 훨씬 쉽게 포기해 버리는 우리의 모습을 보게 된다. 꿈과 목표를 가지라는 말을 듣고 그대로 해 보지만 매번 포기한다. 열정을 가지라는 유명 강사의 특강을 듣거나, 책을 읽은 에너지로 연초에 멋진 다짐과 계획을 하지만 얼마 후 다짐하기 전의 모습으로 돌아간 스스로를 발견하게 된다.

나도 연초가 되면 몸짱을 만들어 보겠다며 피트니스 센터에 등록했다. 그리고 이 주일 정도는 열심히 출석했다. 그러다 보면 꼭 중요한 약속이나 가족행사가 생기거나, 감기나 몸살에 걸리게 되는데, 이런 경우는 신기하게도 반드시 생겼다. 그렇게 한두 번 빠지다 보면 마음이 흔들렸다. '운동도 중요하지만 이번 약속은 업무에 중요하니까 오늘은 하루 쉬자' 혹은 '이렇게 추운데 잘못 나갔다가 감기가 더 심해질 수 있으니까 오늘은 쉬면서 체력을 회복하자'라는 생각이 든다. 그렇게 나는 갈 수 없는, 아니 가고 싶지 않은 이유를 차근차근 합리적으로 만들어갔다. 그럴 때는 머리가 참 좋은 것 같다는 생각이 들 정도였다. 내가 생각해도 그럴 듯하고 누구에게 이야기해도 반박당하지 않을 이유를 만들 수 있었다. 할 이유는 한 가지지만 하지 말아야 할 이유는 너무나 많았다. 돌아보면 신기하고 웃기고 슬픈 일이다.

그러나 우리는 또 어김없이 연말이 되면 새해를 위한 다짐과 계획을 세울 수밖에 없다. 그 모습이 안쓰럽기도 하고 한심하기도 하다. 나는 어떻게 해야 할까? 우리는 어떻게 해야 할까? 이번에는 정말 그 다짐과 계획이 이루어질 수 있다면 좋겠다.

반드시 영어를 정복하고 말 거야

가장 큰 영광은 한 번도 실패하지 않음이 아니라
실패할 때마다 다시 일어서는 데 있다.
— 공자

대한민국의 교육열은 세계 어디에 내놓아도 뒤지지 않을 정도다. 어쩌면 이런 유례 없는 교육열이 반세기 만에 대한민국을 경제 대국으로 만들었을지 모른다. 배고프고 힘든 상황 속에서도 오직 자녀들의 교육을 위해 희생한 그 시대의 부모님들이 그 힘을 만들어 낸 게 아니었을까 싶다.

그런데 이런 교육열은 1960~1970년대 경제 성장기에만 존재했던 건 아니다. 사실 어쩌면 지금 2016년 현재 더욱 뜨겁다고 볼 수 있다. 3~4살 된 아직 한글도 제대로 모르는 아이들에게 영어를 가르치기 위해 영어 유치원의 비싼 등록금도 감수한다. 이렇게 자라서일까. 한국인들의 희망 사항 1순위는 영어 잘하기다.

대학생들의 절반은 어학연수 및 해외유학, 워킹홀리데이 등 영어를 배우기 위한 노력을 하고 있다. 그러나 이렇게 많은 돈과 시간을 투자하면서도 막상 영어를 능수능란하게 할 수 있는 사람은 그리 많지 않다는 사실이 우리를 의아하게 만든다.

매년 연초가 되면 영어학원의 등록이 급격히 증가한다고 한다. 이유는 많은 사람들의 새해 목표 중 하나가 '영어 잘하기'이기 때문이다. 새해엔 반드시 영어를 정복하고 영어와 친해지는 사람이 되겠다는 다짐을 하는 것이다. 그러나 1월 말이 되면 처음에 가득 찼던 수강생들의 수가 거의 30~40% 수준으로 줄어든다. 실제로 나도 영어학원을 다니면서 경험했는데, 정말 신기할 정도다. 첫주 개강하는 기간에는 앉을 의자가 없을 정도로 사람들이 빽빽이 들어앉아 있다. 수업 중간에도 수강생들이 들어오고 서로 자리 만드느라 정신이 없다. 정해진 인원보다 더 많은 수강생을 받은 게 아닐까 의심이 들 정도로 꽉 찬 수강생들의 열기는 대단하다. 그런데 딱 2주만 지나면 그 많던 수강생 중 10~20%는 나오지 않는다. 이상하다. 그때의 뜨겁고 열정적인 수강생들이 왜 갑자기 사라졌을까? 단체로 급한 일이 생긴 걸까? 물론 새벽반이나 저녁반의 특성상 직장인들이 많고, 업무로 인한 변수들이 많은 것은 사실이다. 하지만 월초에는 괜찮다가 월말에 가까워질수록 단체로 업무가 바빠지는 건 아닐 것이다.

실제로 나의 회사 동기인 진우는 직장생활 5~6년 정도 근무하면서 경력을 쌓은 뒤 해외 MBA에 가는 꿈을 가지고 있었다. 기본적으로 영어를 잘하는 편이었지만 막상 해외로 유학을 가려니 상당한 영어 실력이 필요했다. 회화 실력이 부족해서 영어공부를 해야 했다. 첫 입사 후 6개월은 업무에 적응하느라 집중했지만 그다음 해가 시작될 때부터 영어학원 새벽반에 등록한다고 했다. 그리고 회사 사람끼리 영어 동아리를 만들어서 공부를 하겠다는 야심 찬 계획을 발표하고 나에게도 함께 하자고 권유하기도 했다. 그 친구는 1월 첫주 새벽 학원에 다녀와서는 그날의 수업에 대해 이야기하면서 누구보다 열정적인 모습을 보여주었다. 그런데 점차 시간이 흐르면서 고민이 시작되었다. 술을 좋아하는 편이라 연초에 술자리 모임이 많았는데, 첫 주에는 술 마신 다음 날 새벽에도 학원에 갔지만 둘째 주부터는 포기하는 날이 생겼다. 그러더니 마지막 주쯤 되었을 때는 회사에 야근과 여러 모임들이 많아서 거의 갈 수 없었다. 나는 다음 달에는 더욱 열심히 할 거라며 의욕을 다지는 그를 격려해주었지만 2월에도 친구들과의 약속 또는 동료들과의 잦은 술자리와 야근들 때문에 학원을 빠지는 날이 많았다. 또, 영어 동아리도 공부만 하는 모임에서 술자리로 변질되었다. 결국 3월까지 출석과 결석을 반복하던 동기는 영어학원을 포기했다. 아무래도 신입사원이 영어공부까지 하기에는 너무 시간이 부족하고 아직은 회사의 업무와 사람들 관계가 더 중요하다는 이유였다. 일단은 포기하고 나중에 다시 시작하겠다며 영어공부 계획을 미루었다. 실제로 그해 연말이 가까워지자 다시 영어공부에 대한 의지와 다짐을 하며 동기는 영어공부 계획을 세웠다. 하지만 이번에는 새로운 부서로 옮기게 되면서 시간이 부족하다며 내년에 시작하겠다고 미뤄 버렸다. 나는 그에게 몇 년 후에 해외유학을 가려면 이제는 준비해야 하지 않느냐고 가끔 물었지만 그때마다 동기는 아직은 시간이 좀 있어서 괜찮다며 언제나 비슷한 답변을 했다. 그렇게 그는 매해 영어공부를 시작하고 포기했다.

　진우는 왜 자꾸 포기하고 말았을까? 나는 먼저 묻고 싶었다. 자신의 꿈이라고 했던 해외유학이 진정 반드시 하고 싶은 것이었는지를 말이다. 그리고 시간이 아직은 많다던 그가 정확히 어느 정도의 시간이 필요한지 검토하고 확인해 보았는지 말이다.

많은 사람들이 영어공부를 새해 목표 중 하나로 정하고 계획을 세운다. 그러나 다수는 그 영어공부를 왜 해야 하는지 잘 알지 못한다. 사회에서 영어가 필요하다는 막연한 생각과 지금이라도 해보면 되지 않을까 하는 마음으로 시도하는 경우를 너무나 많이 봤다. 일을 하면서 공부까지 한다는 것은 절대 쉬운 일이 아니다. 그 마음을 먹은 것만으로도 칭찬받을 만한 행동이다.

하지만 확실한 목표와 원동력이 없는 상태에서 실패와 포기를 반복해서 경험하면 사람은 그것에 적응하게 되어 버린다는 사실을 잊지 않았으면 좋겠다. 또 새해가 되면 많은 사람들은 '영어공부'라는 풀리지 않은 숙제를 위해서 학원가를 기웃거릴 것이다. 하지만 이런 어설픈 시도는 돈과 시간만 버리는 결과를 낳을 수 있다. 이것이 너무나 흔한 우리의 모습이다.

몸짱 만들기

대한민국은 '몸짱' 열풍이다. 각종 방송 프로그램이나 SNS 등을 통해 수많은 몸짱 스타들이 등장하고 있다. 멋진 몸매로 스타가 된 사람들이 연일 매스컴을 뜨겁게 달구고 있다. '몸짱'이 선망의 대상이 되고 있기 때문일까. 동네마다 각종 운동 센터들이 들어섰다. 길을 지나다 보는 전단지나 현수막은 헬스, 요가, 필라테스 등의 운동 관련 내용들로 채워져 있다. 이제 운동이라는 것이 온 국민의 공통 관심사가 된 듯 보인다. 모두가 건강을 위해 운동에 관심을 갖는다는 것은 바람직한 현상이다.

이렇게 온 국민이 '몸짱' 열풍으로 건강과 행복을 추구하고 있지만 막상 주변에서 '몸짱'이 되었다는 이야기를 듣는 것은 생각보다 어렵다. 왜 그런 걸까? 많은 사람들이 건강한 몸을 위해 운동을 하겠다고 마음을 먹고 다짐을 하지만 막상 꾸준하게 몸을 가꾸고 관리하는 사람은 소수이기 때문일 것이다. 물론 일도 해야 하고 가정에도 신경을 써야 하는 현대인들이 운동까지 완벽하게 하는 건 어렵다. 하지만 그 운동이라는 것이 반드시 피트니스 센터에 등록을 하거나, 전문강사에게 일대일 트레이닝을 받는 거창한 것일 필요는 없다.

나의 친한 직장 동료 중 수연은 최근 유명해진 몸짱 연예인처럼 자신도 운동을 해서 SNS를 통해 유명해지고 싶다는 말을 매일 한다. 그래서일까. 언제나 몸매 좋은 연예인 사진을 보면서 부러워하고 그렇게 되고 싶다고 항상 얘기한다. 물론 수연은 필라테스, 요가, 복싱, PT 등 다양한 운동에 몇 번 도전했었다. 하지만 그때마다 개인적인 사정이 생겨서 포기했다. 운동에 관심이 많아서 나에게도 운동을 꾸준히 하려면 어떤 방법이 좋을지 모르겠다며 고민을 이야기한 적도 있다. 나도 운동을 계속하고 있었기 때문에 나름대로 조언을 해주었고 그렇게 운동 얘기를 자주 했었다.

그녀는 딱 1월이 되자마자 운동을 시작하기로 했고, 1월이 되자 회사 근처 피트니스 센터에 등록을 해서 운동을 시작했다. 처음엔 담당 트레이너가 너무 괜찮다며 만족스러워했다.

그런데 점차 불평을 하기 시작했다. 1월이라 그런지 이런저런 모임이나 약속이 많아서 운동에 차질이 있다는 것이다. 또한 트레이너랑 시간 맞추기도 어렵고, 추워서 가기 힘들고, 피트니스 센터가 자기 스타일과 안 맞아서 힘들다는 등 여러 가지 불만을 토로했다. 한 달이나 운동했는데도 변화가 없다며 초조해하기도 했다. 언제 효과를 볼지 모르겠다는 것이다. 빨리 변화된 사진을 SNS에 올리고 싶은데 그럴 수 없다며 불평했다.

그러면서 운동복이 중요하다며 옷 고르는 데 며칠, 운동 시간을 잘 관리하겠다며 다이어리 사는 데 하루, 좋은 닭가슴살을 고른다고 며칠을 소요했다. 운동을 하기 위한 준비시간이 너무 오래 걸리는 수연의 모습을 보면서 '얼마 못 가 또 포기하고 말겠구나'라는 예상을 할 수밖에 없었다. 결국 그녀는 4월이 되자 운동을 그만두겠다고 했다. 다시 생각해보니 오히려 필라테스가 자신에게 맞는 운동인 것 같다며 나중에 필라테스를 하겠다고 했다. 그녀는 비싼 돈과 시간을 들였지만 아무런 효과도 보지 못했고, 또 한 번의 실패 경험만 쌓게 되는 아쉬운 결과를 얻었다.

나도 새해에 열심히 운동을 하겠다는 마음을 먹고 피트니스 센터에 등록해서 운동을 시작했다. 그런데 1월에 시작해서 3개월간 4번 갔던 게 고작이었다. 크로스핏은 3개월을 등록했었는데 첫 달에만 7~8번 가고 그 이후로는 쭉 빠지고 말았다. 이번엔 기필코 몸짱으로 변신하겠다고 다짐해도 얼마 못 가서 여러 이유로 포기를 했다. 가야 할 이유는 분명했지만 '오늘은 너무 피곤하기 때문에 피곤한 상태에서 운동을 하면 다칠 수 있으니까 쉬는 게 좋겠어', '추운 날씨라서 몸이 너무 굳었는데 이런 상태에서 운동하면 무리가 될 수 있지', '지금 운동화가 안 좋아서 새로 운동화를 구입해서 제대로 운동해야겠다'라는 생각 등 핑계는 다양했다. 결국 안 갈 이유를 스스로 찾아내고 자기합리화를 한 것이다.

많은 사람들의 모습이 이렇지 않을까 생각한다. 왜냐하면 모두가 한 번에 몸짱이 되었다면 '몸짱'이라는 사실 때문에 주목받는 스타들이 생기지 않을 테니 말이다. 그런데 여전히 '몸짱'으로 인기를 끄는 사람들이 많다는 것은 실제로 몸매 관리에 성공한 사람이 극소수라는 사실을 알려준다. 이런 점에서 우리가 가져야 할 덕목은 꾸준히 지속하는 능력인 '끈기'라는 사실을 깨닫게 된다.

'몸짱'이 되고 싶다면 그 시작은 간단한 운동을 시작하는 것만으로도 충분히 가능하다. 그 시작이 꾸준히 이어진다면 얼마 후 예상하지 못한 큰 변화를 가져올 것이기 때문이다. 우리는 그 과정에서 '끈기'의 힘을 경험할 수 있다. 팔굽혀펴기 한 개를 시작해야 천 개를 할 수 있고, 당장 100m를 뛰어야 42.195㎞ 마라톤 풀코스도 뛸 수 있게 된다는 사실을 명심하자. 처음부터 에베레스트 산을 정복하려고 하면 누구나 실패할 수밖에 없다. 처음엔 동네 뒷산 산책부터 시작하자. 하다 보면 누구든 큰 산을 오르는 게 가능해진다. 꼭 기억하자.

글쓰기, 책 쓰기

탁월함을 완성하는 데에는 오랜 시간이 걸린다.
— 퍼블릴리어스 사이러스

사람들이 사는 곳에는 늘 유행이 존재한다. 유행은 단어 뜻 그대로 행동이 널리 퍼진다는 의미다. 유행은 어느 시대에나 존재했고, 유행을 보면 그 시대를 이해할 수 있다. 유행이 당대 사람들의 관심사와 가치관을 엿볼 수 있는 하나의 지표이기 때문이다. 2000년 중반에 취업한 후 사회에 첫발을 내디뎠을 때 당시의 유행은 '재테크'였다. 국민 과반수가 재테크 관련 공부를 하는 것처럼 보일 정도로 재테크 관련 서적, 방송, 강의 등이 넘쳐나던 시기였다. 주식, 부동산 등 다양한 투자 방법에 대해서 사람들이 관심을 갖기 시작했고, 방송과 신문은 투자에 관련한 내용으로 연일 도배를 했다. 나도 왠지 당장에라도 재테크를 배워서 투자를 하지 않으면 바보가 될 것만 같았다. 안 하면 바보 소리를 들을 만큼 그 유행의 힘이 거셌다. 이처럼 유행이 사람들에게 미치는 영향력은 매우 강하다.

그러더니 이번에는 독서 열풍이 불기 시작했다. 많은 사람들이 독서에 열광하면서 여기저기에서 '독서 전문가'라는 사람들이 등장하기 시작했다. 보통 직장인들은 한 달에 책 몇 권도 읽기 힘들어하는데 1년에 몇백 권의 책을 읽었다며 스스로 '독서 멘토'를 자처하는 사람들이 넘쳐나기 시작했다. 그러자 사람들은 당장에라도 책을 읽지 않으면 안 될 것 같은 불안감을 느끼기 시작했다. 그런 변화를 반영하듯 독서 모임이나 강의들이 우후죽순 나타나기 시작했다. 책을 안 읽는 사람들은 도태될 것 같다는 불안감에 빠졌고, 책을 많이 읽은 사람들은 동경의 눈빛을 받았다. 한쪽에서는 인문학이 성공의 열쇠라는 메시지를 담은 책들과 강의로 인해서 인문학과 관련한 사교육이 성행하기도 했다. 도대체 인문학을 어떻게 가르치는지는 모르겠지만 어릴 적 국어 시간처럼 시의 제목과 특징, 작가의 이력을 외우고 있지는 않은지 걱정이었다.

이렇게 유행이 퍼지면 많은 사람들이 관심을 가지고 그 유행을 따라잡고자 뛰어들지만, 나중에 돌아보면 꾸준히 그걸 지속해서 자신만의 노하우를 바탕으로 그 분야의 전문가로 성장하는 사람은 극히 드물다. 또한 재테크의 열풍에 휩쓸려 너도나도 여기저기 강의를 들으러 가고 책을 사고 사람들끼리 모임을 만들지만 그 사람들이 다 재테크에 성공하는 것도 아니다. 잘못된 투자로 돈을 날렸다는 기사의 주인공이 되지나 않으면 다행이다. 독서 열풍으로 많은 사람들이 독서에 시간과 노력을 쏟아부었지만 실제로 꾸준히 책을 읽고 그 힘으로 삶을 변화시켰다는 사람은 좀처럼 찾아보기 힘들다. 특히 인문학으로 성공했다는 책을 읽고, 그 책으로 인해 성공했다는 사람은 좀처럼 찾아보기 힘들다.

그 이유는 꾸준히 한 가지를 지속해서 자신만의 전문성을 만들지 못하기 때문이다. 투자든 독서든 하루나 이틀, 몇 주나 몇 달 해서는 절대 전문성을 쌓을 수 없다. 특히 인문학이라는 건 고전이나 역사를 통해서 사람들의 삶의 모습을 이해하고 인생을 어떻게 살아야 하는지를 깊이 성찰하고 통찰력을 기르는 학습인데 그것이 단기간에 이루어질 리가 있겠는가.

요즘은 글쓰기가 유행이다. 블로그나 페이스북과 같은 다양한 SNS가 발달하면서 많은 사람들이 글을 올리는 것이 매우 간단하고 쉬워졌다. 파워 블로거 같은 경우는 우리가 기존에 학교에서 배울 수 없었던 새로운 직업의 형태로도 볼 수 있다. 말 그대로 글로 먹고사는 사람들이 많아진 것이다. 예전에는 글이라는 것은 특별한 사람들만 쓸 수 있는 것으로 생각됐었다. 그러나 이제는 많은 사람들이 누구나 글을 쓸 수 있다는 생각을 갖게 되었다. 그러다 보니 글쓰기에 대한 관심이 높아지고 글쓰기 열풍이 불기 시작한 것이다. 나아가 많은 사람들이 책을 출판하는 꿈을 가지게 되면서 '책 쓰기 열풍'까지 불고 있다. 그런데 이런 열풍들의 가운데 서 있는 우리들의 모습은 어떠한가.

나의 지인인 수진도 글쓰기에 관심이 많아서 온갖 관련 서적들을 탐독하고 강의를 들으면서 작가가 되겠다는 꿈을 품었다. 바쁜 직장인의 삶에서 벗어나, 멋진 작가로의 삶을 살고 싶었던 것이다. 그래서 제일 먼저 시작한 것은 유명하다는 글쓰기 강의를 찾아다니는 것이었다. 글쓰기를 배워서 책을 출판하고 싶었던 것이다. 하지만 생각보다 큰 비용으로 인해 고민하던 중 주변에서 처음에는 '일기 쓰기를 해보라고 권해주었다. 그래서 어릴 적 썼던 '일기'를 부활시켰다. 매일 일기를 쓰면서 자신을 돌아보고 글 쓰는 연습을 해야겠다는 다짐을 한 것이다. 예쁜 노트와 펜, 은은한 조명, 편안한 의자와 텀블러까지 준비하고 매일 일기를 쓰겠다고 다짐했다. 처음엔 손으로 일기 쓰기를 시작했다. 그러다 보니 의외로 너무 힘이 들었다. 아무래도 안 되겠다 싶어서 컴퓨터를 켜고 글을 적기 시작했다. 편하게 글을 쓸 수 있게 되자 기분이 좋아졌다. 그렇게 초반에는 하루에 한두 시간씩 자판을 두드리며 나만의 글을 써 내려갔다. 하지만 이 주일쯤 지나자 회식이나 약속으로 피곤한 날엔 겨우 몇 글자 적고 말았다. 피곤한 날이라 그럴 수 있다며 다음 날엔 열심히 하리라 다짐을 했다. 그런데 그렇게 3~4주가 흐르니 점점 쓸 내용이 생각나질 않았다. 글을 쓰면 마음이 치유되고 생각이 정리되며 긍정적인 삶을 살 수 있다고 배웠는데 정말 그런 건지 의심이 생겼다. 점점 글 쓰는 것이 스트레스처럼 다가왔다. 그래서 고민하는 그녀에게 주변 사람들은 블로그를 해보라는 권유를 했다. 아무래도 혼자 글을 쓰고 보는 것보다는 다른 사람들과 소통하면서 글을 쓴다면 더욱 재미있을 거라는 이야기였다. 그래서 이번에는 파워 블로거처럼 유명해지고 이걸 통해서 책도 출간하고 다양한 기회를 얻어야겠다고 생각했다. 그러나 막상 혼자 글 쓰는 것과 별로 다를 게 없어 보이는 블로그에 점차 흥미를 잃게 된다. 이대로는 안되겠다는 생각에 블로그 강좌까지 수강했다. 강의를 들으러 가보니 블로그를 잘하는 방법보다 블로그로 수익을 만드는 방법이 주요 내용이었다. 그래서 일단 배워온 것을 바탕으로 매일 포스팅을 하고 최

적화가 되기 위한 방법들을 적용해서 글을 쓰기 시작했다. 이렇게 하면 금방 공짜로 밥을 먹거나 선물도 받고 돈도 벌 수 있을 거란 기대감에 부풀어서 열심히 했다. 업무 중간에도 틈틈이 블로그를 확인하고 퇴근하고 나서는 두세 시간씩 컴퓨터에 앉아서 블로그를 관리했다. 처음엔 시간 가는 줄 모르고 블로그에 빠져들었다. 그런데 이번에도 글감이 없다는 문제가 생겼다. 게다가 이웃들을 찾아가서 댓글을 남기는 것도 생각보다 너무 오래 걸렸다. 얼마 후 블로그에 너무 시간을 많이 뺏기는 것 같다는 생각이 들었다. 수익을 만들 수 있는지도 이제는 잘 모르겠다. 주변 사람들과 이야기를 나눠보니 블로그는 너무 상업적이어서 안 한다는 사람들도 있었고, 시간이 너무 많이 소요된다며 말리는 사람들도 있었다. 그러다 보니 처음에 가졌던 부푼 꿈은 점차 사라졌다. 글을 쓰면 행복하고 마음이 정화된다고 들었는데 너무 힘들기만 했다. 신경 쓸 게 너무 많았다. 행복이 아니라 스트레스가 되었다. 수익도 얻을 수 있다고 했는데 시간을 뺏겨 정작 원래의 일자리마저 잃을 것 같았다. 친구들 만날 시간도 없고, 집에서 가족들과 이야기할 시간도 없었다. 아무래도 글쓰기는 여유가 있는 사람들만 할 수 있는 것 같다는 생각이 들었다. 결국 자기처럼 친구들 만나는 게 좋은 외향적인 사람은 이런 것이 맞지 않는다며 그냥 포기하고 말았다.

이런 상황이 내 지인 수진에게만 일어나는 일이라고 생각하는가? 아마도 비슷한 일들이 우리 모두에게 지금도 일어나고 있을 것이다. 처음의 거창한 다짐과 목표는 시간이 지나면서 점점 희미해져 간다. 행복하거나 즐겁지 않고 힘들고 어려워서 스트레스만 쌓인다. 그러다 보면 결국 할 이유보다는 하지 않을 이유가 더 많아지게 된다. 오히려 하지 않아야 행복하다는 생각이 들고 그걸 포기했을 때의 이익을 따지기 시작한다. 처음의 부푼 꿈은 자고 나면 사라질 꿈이 되어가는 것이다.

나도 한때 일기를 쓰겠다고 다짐을 하고 두꺼운 노트와 펜을 준비했었다. 일기와 감사제목, 기도제목들을 적겠다는 다짐으로 시작했다. 그런데 며칠 후 집에 들어와 피곤하다며 바로 잠자리에 들었다. 침대에 눕자마자 오늘 하루만 쉬고 내일 다시 시작하리라 마음을 먹었다. 바로 잠자리에 들지 않으면 다음 날 출근길이 너무 힘들 것 같다는 생각이 들었기 때문이다. 그리고 다음 날 저녁에 집에 돌아오면 어제의 죄책감 때문에 글을 적었다. 그런데 며칠 후 또 피곤하다며 그냥 지나가는 날이 생겼다. 이렇게 몇 번을 반복하다 보니 나중에는 정말 날짜만 쓰고 멍하게 앉아서 뭘 써야 하나 고민했다. 쓰기는 써야 하는데 피곤하고 막상 쓸 게 없다는 생각에 스트레스를 받았다. 그런 날은 스트레스받으려고 하는 게 아니라는 생각으로 그만두고 다른 것을 하거나 잠자리에 들었다. 그러다 보면 일기를 쓰기 위해서 보내는 시간이 아까워지고 그 시간에 할 수 있는 더 중요한 일이 있을 거라는 생각이 드는 것이다. 그러면 또 새로운 목표를 세워서 같은 과정을 반복하는 것이다. 처음엔 나의 포기가 잘한 결정이라고 위로하지만 지나고 보면 결국 나는 실패자 그 이상도 이하도 아니었다. 이런 실패가 쌓이면 관성이 생기고 거기서 벗어나려면 상당한 노력과 결심이 필요하다는 걸 나중에서야 깨닫게 되었다. 결국은 끈기없는 나의 모습으로 실패를 경험하고 그 경험이 자존감이 낮아지는 형태로 나타나게 된다. '나는 뭘 해도 안 되는구나'라는 생각을 품게 되는 것이다.

올해는 꼭 부자가 될 거야

저항을 무너뜨리고 모든 장애를 쓸어 없애주는 것은
바로 지속적이고 결연한 노력뿐이다.
— 클라우드 M. 브리스톨

　자본주의의 매력은 누구나 열심히 일하고 노력하면 재산을 모으고 부자가 될 기회가 부여된다는 것이다. 과거 인간은 언제나 지배자와 피지배자로 나뉘어서 한 부류는 호화로운 삶을 살고, 한 부류는 압박과 통제 속에서 자유롭지 못한 삶을 살았다. 그러다 보니 자연스럽게 부와 권력은 일부 사람들에게만 주어졌다. 태어나면서부터 결정되는 신분제도가 있었고, 그 신분에 따라 그 사람의 인생이 결정됐다. 삼국시대, 고려시대, 조선시대로 넘어가는 우리나라의 과거의 모습만 봐도 언제나 다수의 평범한 사람들은 힘들고 어렵게 살아왔다. 하지만 지금의 자본주의 사회는 달라졌다. 물론 돈으로 인한 새로운 권력의 형태와 사회 부조리가 나타나고 있지만 개인의 노력으로 얼마든지 부를 얻을 수 있는 사회가 되었다. 모든 사람에게 기회가 열려있는 공평하고 공정한 사회의 규칙이 생긴 것이다. 이러한 장점으로 인해 전 세계는 자본주의 체제를 받아들였고 그에 따라 사회가 구성되었다(물론 북한은 예외이지만). 모두가 열심히 일하면 돈을 벌고 편안한 삶을 살 수 있게 되었다는 사실은 사람들에게 꿈과 희망을 위해서 열심히 살아갈 수 있는 동기를 부여했다. 『홍길동전』처럼 신분제도나 사회적 제한으로 인해 아무리 노력을 해도 바뀌지 않는 사회는 이제 옛이야기 속에나 존재할 뿐인 것이다.

그런데 이렇게 좋은 자본주의 사회에서 살다 보니 새로운 형태의 고민과 병이 나타나게 되었다. 바로 '황금만능주의'라는 병이다. 모든 사람들은 돈을 벌기 위해 항상 고민하고 공부하고 토의하고 전략을 세우며 살아가게 되었다. 사람들이 모이면 언제나 이야기의 주제는 돈이다. "누구는 어떻게 돈을 벌었다더라"는 이야기로 시간 가는 줄 모르고 이야기를 나눈다. 각종 금융 전문가, 재테크 전문가, 머니 멘토와 같은 사람들이 다수의 보통 사람들을 현혹한다. 서점에는 재테크, 투자 관련 책들이 넘쳐나고 매스컴에서는 투자에 성공했다는 사람들이 자신의 방법이 가장 옳다고 외친다.

그걸 본 사람들은 불안한 마음에 돈 버는 방법을 찾아 나선다. 어떻게 하면 빠르고 쉽게 큰돈을 벌 수 있는지에 관심이 집중되어 있다. 내 학교 선배이자 회사 선배인 최 과장은 입사 초기엔 그냥 부모님이 도와주시는 대로 돈을 관리하고 살았다. 그러다가 결혼을 준비할 때가 되어 스스로 돈을 모으고 굴려야겠다는 생각을 하고 재테크에 관심을 갖기 시작했다. 일단 서점에 가서 유명한 책들을 보기 시작했다. 주식 서적, 부동산 서적, 네트워크마케팅 서적, 창업 서적 등 여러 책들을 읽어나갔다. 강의들도 찾아가서 듣기 시작했다. 돈이 들었지만 앞으로 부자가 되려면 이 정도 투자는 해야 한다고 생각했기에 과감히 돈을 들여서 여러 강의를 들으러 다녔다. 주말과 평일 저녁도 반납하고 다닐 정도로 열정이 대단했다. 그는 금방이라도 부자가 될 수 있을 거란 확신이 들었다. 그런데 조금씩 공부를 하다 보니 막상 투자할 돈이 없다는 사실을 깨닫게 됐다. 그때 강의와 책에 나온 공통된 이야기가 가계부를 쓰라는 거였다. '그래! 나도 이제부터 가계부를 써야겠다'고 판단한 최 과장은 예쁜 가계부까지 사서 쓰기 시작했다. 처음엔 쉬웠다. '이거! 별거 아니네' 라는 생각이 들면서 스스로 재테크와 잘 맞는 사람이라는 판단이 들자 더욱 행복했다. 그런데 시간이 지나면서 현금으로 쓴 비용이나 계좌 이체한 것들을 빼먹기 시작했다. 나중으로 미루다 보니 적은 비용들은 반복적으로 빠트렸다. 한 달이 지나 정산해보니 맞질 않았다. 그래도 '큰돈 아니니까 이 정도는 괜찮지, 뭐'라며 그냥 대수롭지 않게 넘겼다. 그런데 어느 날 가계부를 잃어버리자 짜증이 났다. 아무래도 분실의 위험이 있으니까 스마트폰으로 해야겠다며 이번에는 앱 가계부를 이용하기 시작했다. 그런데 3개월쯤 하다 보니 슬슬 이렇게 해서 부자가 될 수 있나 싶은 생각이 자꾸 들었다. 돈이 모이는 것 같지도 않고, 귀찮기만 했다. 귀찮은 걸 억지로 하려다 보니 스트레스를 받아서 오히려 스스로에게 이롭지 않겠다는 생각이 계속 내 마음을 괴롭혔다. 그래서 '가계부보다는 얼른 투자하는 걸 배워야겠어!'라고 생각하며 다시 투자 관련 책들을 검색하기 시작했다. 한동안 열심히 공부한 걸 생각해보면 목돈이 없으니 부동산보다는 주식을 해야겠다는 생각이 들었고 주식에 집중하기로 했다. 처음엔 주식이 너무 어려워 보였고, 주변에서 주식을 하면

망한다고 겁을 줬지만 열심히 제대로만 배우면 충분히 부자가 될 거라 믿었다. 증권회사에 가서 주식계좌를 만들고 그동안 모은 나름의 거금을 투자금으로 내놓았다.

처음엔 좀 겁이 났지만 그래도 정석대로 하면 될 거라고 믿었다. 가장 믿을 만하다고 생각한 강사의 책과 강의를 참고해서 투자하기로 했다. 그 강사는 매일 주식시장과 기업 정보를 확인하고 애널리스트의 리포트를 참고하며 공부를 많이 해서 안전한 투자를 해야 한다고 강조했다. 무식한 투자자가 아닌 똑똑한 투자자가 되겠다며 배운 대로 공부할 결심을 했다. 처음엔 출퇴근길과 저녁 시간을 활용해 공부에 열중했다. 공부를 하고 주식을 사겠다고 목표를 세웠기에 더욱 열심히 했다. 얼른 부자가 되고 싶었기에 힘을 냈다. 그런데 한 달 정도를 했을 때 주변에서 그렇게 해서 언제 투자할 거냐며 더 쉬운 방법이 있다고 알려줬다. 아는 분이 차트를 분석하고 작전 세력이 있는 걸 잘 이용하면 금방 돈을 벌 수 있다며 조언을 해주었다.

'그래! 이렇게 하면 아무래도 올해에는 돈 벌기 힘드니까 일단 한동안은 이렇게 돈을 벌면서 나중에 공부를 더 해야겠다'는 생각이 들어서 그분이 알려준 방법을 시작했다. 처음엔 금방 돈을 벌 것 같았다. 그러다가 갑자기 내가 샀던 회사의 주식이 떨어졌고 무서워졌다. 이럴 땐 기다려야 한다고 들었지만 당장에라도 돈이 전부 사라질 것 같은 공포가 느껴졌다. 누구는 손절매를 해서라도 일부를 챙겨야 한다고도 하고, 누구는 더 기다려야 한다고도 했다. 결국 얼마 못 가서 손해를 보면서 주식을 팔았다. 이 일로 최 과장은 주식의 무서움을 크게 경험했다. 아무래도 주식은 아닌 것 같았다. 그래서 이번에는 부동산을 공부해야겠다고 생각했다. 부동산은 안전하다고 이야기를 많이 들어서 아무래도 부동산이 자신에게 맞는 방법이라고 생각한 것이다. 주식으로 돈을 잃은 건 아쉽지만 이제라도 제대로 배우고 공부해서 부자의 길을 가겠다고 마음을 먹었다.

새로운 마음으로 부동산 관련 공부를 하겠다고 마음먹은 최 과장은 유명한 경매 강사의 강좌를 수강하기 시작했다. 아무래도 소액으로 도전하려면 경매가 좋겠다는 생각이 들었고, 요즘 들어 경매 공부를 하는 사람이 많다고 들었다. 더 늦기 전에 빨리 공부해서 부동산 투자의 달인으로 성장해야겠다는 의지를 다졌다. 그러나 부동산도 만만치 않았다. 주식에 비하면 쉽고 편할 줄 알았는데 생각보다 공부할 게 많았다. 정책이나 법과 관련된 사항들도 알아야 했다. 그래서 일단 기본 강좌를 수강했고 혼자서 책도 여러 권 읽었다. 나름대로 준비가 되어가는 듯했다. 경매에서는 임장 활동을 강조했다. 투자할 집과 건물에 가서 직접 확인하는 것이 중요하다는 것이었다. 그래서 나도 같이 공부하는 사람들과 직접 곳곳을 돌아다녀야겠다고 마음먹었다. 처음엔 사람들과 함께 공부하는 마음으로 다니다 보니 재미도 있고 다닐 만했다. 그런데 점점 날이 더워졌고, 걸어 다니는 게 힘이 들고 고통스러웠다. 그래도 부자가 되려면 참아야 한다고 버텨봤지만, 주말마다 돌아다니느라 너무 피곤했다. 회사 행사나 약속들이 잡힐 때는 더 골치가 아팠다. 처음엔 부자가 되겠다는 일념으로 이런 상황을 견뎠지만, 여자친구도 불만이 쌓였고 최 과장도 점점 힘들어졌다. 그러자 공부를 그만두고 직접 경매에 참가했다. 생각보다 낙찰이 안 된다는 걸 느꼈다. 하루는 회사에 휴가를 내면서까지 경매에 매달렸지만 매번 낙찰이 안 됐다. '이거 뭐지? 다른 사람들은 잘만 되던데 나는 왜 이래?'라는 생각이 들었다. 주변 사람들이 꾸준히 해야 한다고 조언을 해줘도 들리지 않는다. 여자친구 만날 시간도 없고 몸도 피곤한데 경매는 언제 낙찰될지 기약이 없다. 갑자기 주변에서 경매 낙찰을 잘못 받아서 후회한다는 이야기도 들린다. 인터넷을 검색하다 경매해서 돈 날렸다는 이야기를 보게 된다. 그러자 최 과장은 젊은 나이에는 일을 열심히 해서 승진하고 연봉을 올리는 게 더 좋겠다는 생각이 든다. 그렇게 그는 진정한 재테크는 나의 몸값을 올리는 거라며 재테크를 포기하기에 이른다. 결국 그는 '나는 재테크랑 안 맞는 사람이구나'라는 결론을 내리고 말았다.

주변에서 흔히 보게 되는 상황이다. 재테크 열풍이 분다. 많은 사람들이 투자를 배우겠다고 몰려든다. 그러나 얼마 지나지 않아 그중 대부분이 투자를 후회하는 걸 보게 된다. 모든 성공은 부단한 시간과 노력, 많은 경험을 바탕으로 한다. 그런데 우리는 어떠한가? 당장 돈을 벌겠다는 욕심과 의욕은 대단했을지 몰라도, 한 가지를 꾸준하게 밀고 나가는 우직함은 없었던 게 아닐까.

매번 올림픽이나 월드컵을 보면서 나는 이런 생각을 한다. 저 사람들은 몇 개월의 노력만으로 저런 경지에 오른 것이 아니고, 한 분야에 엄청난 시간과 땀을 쏟았기에 저런 결과를 이룬 것이다라는 생각 말이다. 물론 자신의 성공과 목표를 위한 것이었겠지만 그 과정 가운데 포기하고 낙오된 사람들이 많다는 사실을 생각해보면 대단하다는 말 밖에는 나오질 않는다. 모든 것은 꾸준한 노력과 지속하는 힘이 없으면 불가능하다. 어쩌면 우리에게 가장 필요한 건 뜨거운 열정, 멋진 꿈, 화려한 기술이 아니라 목표 달성을 위한 노력을 지속하는 힘일 것이다.

물론 사람마다 역량과 재능의 차이가 존재한다. 하지만 분명한 건 꾸준함과 끈기를 가지고 지속했을 때 나타나는 힘을 가진다면 어떤 목표와 계획도 반드시 이룰 수 있다는 걸 명심하자. 지속하는 힘이 쌓이고 쌓여 무엇이든 할 수 있는 사람이 되면 그 사람의 미래는 분명히 바뀌게 된다. 그 사람의 삶은 매일이 성장하는 하루이며 목표를 향한 발걸음이 된다. 그렇기에 그 사람의 인생은 무의미한 하루가 아닌 소중한 인생, 가치 있는 인생이 될 것이다.

그렇다면 우리는 왜 그리 많은 목표들을 세우고 다짐을 하지만 실패하고 포기하고를 반복하는 걸까? 어떤 문제로 인함일까? 당신은 그것을 위해서 고민해 보았는가? 한번 자신에게 물어보자. 그리고 과거에 실패했던 역사를 한번 정리해보고 파악해보자.

나의 과거를 알고 나를 아는 것이 때론 투자를 해서 당장 수익을 100~200만 원 내는 것보다 더 중요하다고 자신 있게 말할 수 있다. 그렇다면 2장에서는 우리가 왜 자꾸만 반복해서 실패하고 포기하는지를 알아보자. 의미 있는 시간이 될 것이다. 원인을 알아야 해결 방안이 나올 수 있지 않겠는가?

나는 믿는다. 우리 모두는 이미 끈기를 가지고 있다. 다만 아직 찾지 못했을 뿐이다.

제2장

왜 실패하는가

대한민국 국민의 "빨리빨리"

믿는 일, 하고자 하는 일은 자신 있게 하고,
도중에 절대 포기하지 마라.
성공할 때까지 밀고 나가라.
— 앤드루 카네기

한국에 온 외국인들이 가장 먼저 배우는 말이 무엇인지 아는가.
바로 "빨리빨리"다. 그만큼 우리나라 사람들이 "빨리빨리"라는 말
을 많이 사용한다는 걸 알 수 있다. 이 말에는 한국인의 정서가 반
영되어 있다. 어려웠던 1960~1970년대에 열심히 최선을 다해서 삶
을 살아낸 이들의 의지가 담겨있는 것이다. 당시 우리나라는 돈도
기술도 없었다. 그렇기에 열심히 일하지 않으면 안 되었다. 그렇게
부지런히, 빠르게 일하지 않았다면 영영 가난에서 벗어나기 힘들었
을 것이다. 특히 중동 건설 붐이 일었을 때 한국은 다른 나라에 비
해 빨리 일을 마무리하는 저력을 보여주었고 세계를 놀라게 했다.
작은 영토, 적은 국민을 가진 한국이 할 수 있는 건 오직 남보다 더
빨리 달리는 것뿐이었다. 물론 이러한 급속 성장의 이면에는 어두
운 그늘이 존재한다. 지나친 교육열로 인한 경쟁 문화, 서열 문화는
한국인들을 항상 쫓기듯 치열하게 살도록 만들었다. 그러나 '빨리
빨리'가 보여주는 경쟁 구도와 독한 근성으로 우리나라가 성장했다

는 것은 부인할 수 없는 사실이다.

그러나 이런 경쟁심리, 빨리 이루어야 한다는 압박감은 우리가 쉽게 목표를 포기하거나 지치게 만드는 요인이라는 사실을 기억해야 한다. 우리가 목표로 삼는 것 중 대부분은 장기간에 걸쳐 노력하지 않으면 이룰 수 없는 것들이기 때문이다.

건강을 위한 운동이나 다이어트를 생각해보자. 많은 사람들이 관심을 갖고 돈과 시간을 투자하지만 막상 꾸준히 실천하고 목표를 달성하는 사람을 찾기는 쉽지 않다. 왜 그럴까? 다양한 서적, 강좌, 매스컴을 통해서 훌륭한 정보들을 쉽고 빠르게 접할 수 있는데도 말이다.

결국 실패하는 가장 큰 이유 중 하나는 바로 조급함이다. 며칠만 해도 살이 쭉 빠지고 금방 날씬해지고 싶은 마음이 실패를 부른다. 잠깐 열심히 했는데 별다른 효과를 보지 못하면 금방 포기하고 좌절한다. 방송에서 나오는 유명연예인들이나 운동 전문가들은 금방 살을 뺐다고 하는데 나는 그게 안 되니 지쳐 버린다. 하지만 살이라는 것 자체가 금방 빠지는 것이 아니다. 그런데 "빨리빨리"만 외친다고 살이 빠질까. 그렇지 않다. 벼락치기 한 시험 결과가 좋을 리 없듯, 살도 벼락치기로는 뺄 수 없다.

누구나 조급함을 가지고 있다. 빠르게 성공한 사람, 젊은 나이에 큰돈을 번 사람, 단기간에 시험에 합격한 사람들을 존경하고 대단한 인물로 평가하는 문화가 사회 깊숙이 자리 잡고 있기 때문이다. 그래서 너도나도 빠르게 성공하고 싶어 한다. 남들보다 대학 입학이 늦으면, 취업이 늦으면 문제가 있다고 볼 것 같아서 두려워한다.

남들보다 낮은 연봉을 받고 작은 회사에서 일하면 스스로 작아지는 느낌을 받는다. 그러다 보니 뒤처지거나 실패하는 것에 대한 스트레스로 힘들어하는 사람들이 많아진다. 또, 그런 사람들은 무엇이든 빠르고 조급하게 이루려는 마음을 갖게 된다.

일전에 이야기한 재테크도 마찬가지이다. 누구나 빠르고 쉽게 돈을 벌고 싶어 한다. 오직 빠르고 쉬운 대박의 기회만을 엿본다. "이 주식을 사면 대박이 날 수 있다더라", "이곳의 땅을 사면 10배의 수익이 난다더라" 등의 소문을 듣고 '묻지마 투자'를 하기도 한다. 하지만 결국 대부분 손실을 보고 후회를 한다. 큰 이익이 아니더라도 조금씩 조금씩 불려 나가야 한다는 조언은 통하지 않는 것이다.

김규환 명장의 저서 『어머니 저는 해냈어요』라는 책을 보며 영어공부에 대해 생각해보았다. 매일 영어로 한 문장씩 외운다고 가정하면 한 달에 고작 서른 문장 밖에 외우질 못한다. 그런데 여기서 나아가 1년이 지나면 365개의 문장을 익히게 되고, 2년이 지나면 730개의 문장을 익히게 된다. 약 700개의 문장을 익히게 되면 일상 대화가 가능해진다고 한다. 책에는 실제로 이 방법으로 다수의 언어를 구사하게 된 저자의 경험이 담겨있었다. 하루에 한 문장을 외우는 데 드는 시간은 그리 큰 시간이 필요하지 않는다. 그러나 그 한 문장이 쌓이면 천 문장, 이천 문장이 되고 결국은 영어로 말을 할 수 있는 수준에 도달할 수 있다. 여기서 영어공부 방법을 논하려는 것이 아니다. 지속하는 능력, 끈기의 무서움을 말하고자 한다. 단기간에 뭔가 이루려는 조급함은 빠른 성취보다 중도 포기를 불러올 수 있다는 사실을 명심하자.

이순신 명언 중에 "무겁기를 산과 같이 하라"는 말이 있다. 서두르면 일을 그르칠 수 있음을 가르쳐준다. 목표를 세우고 시작을 했다면 서두르거나 조급해하지 말아야 할 것이다. 그래야 실패 가능성을 줄일 수 있다.

조급한 것과 신속한 것은 명백히 다르다. 조급함은 마음의 영역이며 신속함은 행동의 영역이다. 우리는 신속함에 집중하되 조급함과는 거리를 두어야 할 것이다.

거창한 목표, 막연한 목표

진정한 성공은 무언가를 소유하는 것이 아니라
자기 자신을 극복하는 것이다.
— 올리버 크롬웰

많은 강의들과 자기계발서들이 큰 꿈과 비전을 가지라고 말한다. 성공한 사람들의 꿈과 목표에 대한 사례들을 언급하면서 불가능한 목표도 이룰 수 있다고 말하고 있는 것이다. 그러면서 지금의 젊은 이들은 큰 꿈과 비전도 없이 산다며 질책을 하기도 한다. 물론 젊은 이들에게 큰 꿈과 높은 이상을 향해 멋지게 살아가는 모습을 기대 하는 것은 잘못된 것이 아니다. 당연하다. 하지만 너무 거창하거나 대단해 보이는 꿈과 목표만을 강조하다 보니 꿈에 대한 인식이 왜 곡되고 있다는 생각을 지울 수가 없다.

꿈은 거창하고 특별한 것이어야 한다는 고정관념이 사람들을 꿈 에서 멀어지게 만들었다고 생각한다. 꿈이라는 말에서 희망을 느 끼기는커녕 부담감에 짓눌리는 것이다. 하지만 절대로 꿈은 그런 것 이 아니다.

한 예로 내가 가르쳤던 학생 중 김용성이라는 고등학생이 있었 다. 수학을 가르쳤는데, 가끔은 밥을 먹으며 이런저런 이야기도 나누었다. 그 아이도 꿈이나 장래희망에 대해 이야기를 나누려고만 하면 주저하고 어려워했다. 그런데 이 학생의 취미는 군사 관련 정보수집이었다. 흔히 말하는 군사 관련 '덕후'였다. 단순한 취미 이상이었다. 혼자서 책이나 인터넷을 뒤져서 알아낸 정보가 수준급이었다. 1, 2차 세계대전, 전쟁의 역사, 무기의 종류, 관련 인물들에 대한 지식이 가히 전문가 수준이었다. 아니, 장교로 복무했던 내가 부끄러울 정도로 나보다도 훨씬 더 많은 지식을 가지고 있었다.

그래서 군사 관련 지식을 더욱 체계적으로 정리하고 관리해서 그 분야의 전문가가 되어 보는 건 어떻겠냐고 물었다. 블로그나 카페에 그간 모은 정보들을 꾸준히 정리해서 올려보라고 권해주었다. 그랬더니 이미 그런 카페나 블로그가 있다며 주저했다. 그래서 "용성아! 이미 그런 카페가 있어도 너만의 정보와 색깔이 있는 블로그나 카페를 만들면 좋을 거 같아. 분명히 너의 이야기에 공감해주고 너의 정보를 원하는 사람이 많이 있을 거야"라고 얘기해 주었다. 그리고 "요즘은 전문성을 가지고 있는 사람들이 책도 내고 강의도 해. 새로운 직업을 만들기도 한다고. 네가 즐거워하는 일이니까 한번 꾸준하게 만들어봐! 분명히 나중에 도움이 될 거야"라고 조언해 주었다. 나는 진심으로 그가 자신만의 전문 분야를 만들 수 있을 거라 믿었다. 그래서 한 말이었다.

하지만 그 아이는 이렇게 말했다. "저는 군사 관련 공부를 하고 찾아보는 게 좋을 뿐이에요. 그런데 그런 건 꿈이 아니잖아요. 좋은 대학에 가서 공부하고 박사가 되거나 교수가 되어야 하는데 저는 공부를 못해서 어려울 것 같아요"라며 희망이 없다는 듯 말했다. 그는 꿈이나 목표는 거창하고 대단해 보여야 한다고 생각했던 것이다. 꿈이나 목표를 이야기하면 직업과 연관이 있거나 돈, 명예를 얻을 수 있어야 한다고 생각했다. 그래서일까. 사소해 보이거나 직업과 연관성이 없는 일은 꿈이라고 믿지 않았다. 그런데 과연 꿈과 직업이 항상 일치해야만 하는 걸까?

어른들도 아이들과 크게 다르지 않았다. 새해 목표나 10년 후 목표를 물으면 대부분 한참을 고민했다. 거창한 목표를 말해야 한다는 생각에 말이 쉽게 나오질 않는 것이었다. 그런 고민 끝에 나온 답은 대부분 다이어트, 영어정복, 10억 모으기 등이었고, 경우에 따라서는 대학원 진학, 빌딩 구입, 유럽 일주 또는 세계여행, 오지 봉사활동 등이 있었다. 그렇지만 그들은 대부분 목표를 이루는 데 실패했다. 왜냐하면 애초에 너무 크고 두루뭉술한 목표를 세웠기 때문이다. 몸짱을 예로 들어보자. 갑자기 몸짱이 된다는 건 쉽지 않다. 갑자기 보디빌딩 선수가 되어 대회에 나갈 몸이 금방 만들어지겠는가. 그렇지 않다. 그렇기에 처음엔 작은 목표, 중간과정의 목표가 필요하다. 처음부터 너무 먼 목표를 세우면 중간에 지치기 쉽다. 유럽 일주나 세계여행도 마찬가지다. 국내여행도 익숙지 않은 사람이 갑자기 세계 일주를 한다는 게 가능할까. 물론 여행 경험이 있어야 세계 일주가 가능하다는 건 아니지만 기본적인 여행 경험과 준비는 분명히 필요하다. 섣불리 떠났다가는 여행을 제대로 즐기기 힘들 수도 있기 때문이다.

따라서 너무 크고 거창한 목표를 세울 필요는 없다. 독이 될 수 있기 때문이다. 훌륭한 꿈과 목표는 따로 정해져 있지 않다. 내 가습이 뛰고, 할수록 즐겁고, 가치가 분명하다면 그것은 분명 훌륭하고 멋진 꿈과 목표가 되어줄 것이다.

따라서 우리가 주의해야 할 나쁜 목표는 두루뭉술한 목표이다. 부자가 되고 싶다, 영어를 정복하고 싶다, 등의 목표는 사실상 처음부터 실패가 예상되는 목표다. 도대체 부자의 기준은 무엇인가? 얼마의 재산을 가져야만 부자인가? 그것조차 기준이 없다면 그 목표는 달성할 확률은 매우 낮아진다. 영어정복도 기준이 필요하다. 토익이 만점이어야 정복인가? 토플이 만점이어야 정복인가? 영어회화가 가능하면 정복인가? 조금만 생각해봐도 막연한 목표라는 것을 알 수 있다. 막연한 목표는 세부적인 실천과제를 세우기 어렵게 만든다. 토익이 목표라면 토익 교재, 강의, 강사, 목표 기간 등을 정할 수 있다. 하지만 영어정복을 목표로 세우는 순간 허공에 붕 뜬 계획에 허덕이는 자신을 발견할 것이다.

정리하자면 끈기를 가지고 목표를 달성하기 어려운 것은 거창하거나 두루뭉술한 목표를 세우기 때문이다. 작더라도 스스로 성장하며 발전할 수 있다면 그 어떤 것도 훌륭한 목표라는 믿음을 가져야 한다. 그리고 그 목표를 달성하는 힘을 얻으려면 계획에 따라 구체적으로 움직일 수 있어야 할 것이다.

우리는 끈기가 없는 것이 아니다. 꿈과 목표에 너무 어렵게 접근해서 실패해온 것이다. 누구나 목표를 이룰 수 있다. 아주 쉬운 목표부터 시작하고 달성하면 된다. 훌륭한 꿈과 목표는 절대로 따로 정해져 있지 않다. 세계 최고의 기업 '페이스북'의 마크 저커버그가 처음부터 원대한 꿈과 목표를 위해서 페이스북을 만들었는가? 아니다. 작은 호기심에서 시작했다. 당신의 작은 호기심이 훌륭하고 멋진 꿈과 목표로 이어질 것이다.

내가 나를 모른다

우리가 노력 없이 얻는 유일한 것은 노년이다.
— 글로리아 피처

어느덧 10년도 넘은 일이다. 하지만 아직도 생생하게 기억하고 있다. 나는 교회 청년부에서 MBTI라는 성격유형검사를 처음 해봤다. 그 당시 처음 접한 검사였는데 너무나 신기한 기억으로 남아있다. 16가지로 사람의 성격을 분류하는 것은 사실 무리가 있겠지만 같은 유형으로 모여진 사람들을 보면 서로 너무나 닮아서 놀라웠다. 이 검사를 통해 사람은 참 다르다는 사실을 깨달았고 '아! 저 사람은 그래서 저런 모습이었구나!'라며 이해의 폭을 넓힐 수 있었다. 그런 점에서 성격유형검사를 통해서 자신을 알아가는 것은 상당히 의미 있는 일로 느껴졌다. "너 자신을 알라"는 말처럼 사람은 자신 스스로에 대해서 명확하게 아는 것이 중요하다고 생각한다.

우리가 목표를 위해서 꾸준히 노력하지 못하는 이유 중 하나는 자신을 잘 알지 못하기 때문이다. 일반적으로 책이나 강의에서는 목표 달성을 위한 스킬을 강조하지만, 근본 원인을 찾는 것이 먼저다. 그리고 그 근본 원인은 자신을 모르는 것이라고 본다. 목표를 위한 노력을 지속하는 것과 자신을 아는 것 사이에는 어떤 연관성이 있을까?

일단 쉬운 예를 들어보자. 나의 대학 시절 유명했던 책이 있다. 바로 『아침형 인간』이라는 책이다. 책의 내용은 성공한 사람들의 공통점이 아침 시간의 효율적 활용이라는 것이었다. 일반적으로 아침에 일찍 일어나 뭔가를 한다는 생각만으로도 스스로에 대한 긍지를 높일 수 있다. 그런 긍지가 노력을 지속하는 원동력이 되어 줄 수 있다. 이 책은 선풍적인 인기를 끌었고 그 이후 아침형 인간이 되어야 성공할 수 있다는 책과 강의들이 넘쳐나기 시작했다.

하지만 모든 성공한 사람이 아침형 인간일까? 그렇지 않다. 각자의 직업과 상황 때문에 아침형 인간이 되지 못하는 사람도 있다. 그런데 무조건 아침형 인간이 되어야만 성공할 수 있다고 단정 짓는 것은 옳지 못하다. 예를 들면 나의 여동생은 직업특성 상 도저히 아침 일찍 활동하는 게 힘들었다. 물론 노력하면 100% 불가능하다고 말할 수는 없겠지만 생체리듬을 바꾸기엔 너무 큰 무리가 따를 수 있다는 것이다. 그런데도 아침형 인간이 되기 위해 억지로 따라 하다 보면 실패의 경험만 쌓이고 자신감은 결여되는 문제가 발생할 수 있다.

최근 『미라클 모닝』이라는 책이 유행하면서, 새벽에 서로 깨워주면서 새벽형 삶을 추구하는 모임이 생겨나고 있다. 상당히 멋지고 존경할 만하다. 그런데 그런 사람들 중에도 무리해서 새벽에 일어났다가 정작 낮에는 피곤해서 활동하는 데 어려움을 겪는 경우를 보곤 한다. 이런 경우 새벽에 기상했다는 만족감은 얻을 수 있지만 체력적으로나 정신적으로 지쳐서 하루를 통째로 망쳐버릴 수도 있다. 자신의 상황과 성향, 여러 여건을 고려하지 않고 무조건 다른 이의 방식을 적용하면 이런 부작용이 생긴다. 그냥 남들 한다고 하니까 멋있어 보여서 따라 하거나 성공한 사람이 했다고 하니까 무작정 따라 하는 것은 절대로 추천하고 싶지 않다. 비판 없는 수용은 때론 독이 되기 때문이다.

직업선택을 할 때도 마찬가지다. 무조건 좋은 직업, 좋은 직장은 존재하지 않는다. 활동적인 성향의 사람은 영업처럼 활동적인 직업을 가져야 만족도도 높고 업무의 성과도 높을 것이다. 반면 혼자 하는 사색을 좋아하거나 조용한 곳을 좋아하는 사람은 그에 맞는 직업을 가지는 것이 좋다. 누구에게나 좋은 직업과 직장은 존재할 수 없다. 그렇기에 나를 아는 것이 중요하다.

운동도 그렇다. 매스컴에서 유명인이 추천하는 운동을 그대로 따라 하더라도 같은 효과를 보기는 힘들 것이다. 왜 그럴까? 사람마다 신체의 상황과 여건이 모두 다르기 때문이다. 물론 어떤 운동이든 건강에는 좋겠지만 몸 상태에 따라 피해야 하는 운동과 음식도 있다는 걸 간과해서는 안 된다. 좋은 운동과 음식이 항상 좋은 것은 아니라는 말이다.

요통이 있거나 디스크 질환을 가진 환자는 무리하게 허리를 사용하는 운동은 피해야 한다. 훌라후프나 윗몸일으키기 등의 운동은 허리 통증만 악화시킬 뿐이다. 당뇨병 환자의 경우 갑자기 무리한 운동을 하면 쇼크가 올 수 있고, 고혈압이나 심장병 환자의 경우 추운 날씨에 갑자기 무리한 농구, 축구 등의 과격한 운동은 생명에도 위협을 가할 수 있다.

세상에는 다양한 성공이론들과 성공사례들이 존재한다. 하지만 그것은 다른 사람들의 성공 방정식이다. 물론 효과를 본 사례도 있을 것이다. 그러나 그런 사례는 자신에게 맞는 방법을 적용한 경우일 것이다. 자신에게 맞는 방법인지 아닌지를 판단하려면 결국 자신에 대한 앎이 필요하다. 그렇지 않으면 다른 사람에게 맞는 옷에 스스로를 맞추려고 노력하는 꼴밖에는 되지 않는다. 나에게 알맞은 방법이 분명 존재한다. 그 방법을 알려면 우선 나를 알아야 한다는 사실을 명심하자. 우리가 쉽게 포기하거나 지속할 수 없었던 것은 나의 의지와 열정이 부족해서일 수도 있지만 나에게 맞지 않는 불편한 옷 때문일 수도 있다는 사실을 기억하자.

김연아의 방법이 피겨의 정답은 아니다. 박태환의 방법도 수영의 정답은 아니다. 세계적으로 유명한 사람의 방법이더라도 자신에게 맞지 않으면 소용없는 것이다.

우리는 자신을 파악하는 데 익숙하지 못하다. 어릴 적부터 그런 훈련을 받지 못했기 때문이다. 우리는 끈기가 없는 사람이 아니다. 절대 좌절하지 말자. 다만 스스로에게 맞는 방법을 발견하지 못했을 뿐이란 사실을 기억했으면 한다.

실패도 습관이 된다

실패의 방법은 오직 하나, 그만두는 것이다.
— 브라이언 트레이시

사람은 성인으로 성장하는 과정 속에서 많은 지식과 경험을 얻게 된다. 나이를 먹으면 할 수 있는 일들도 많아지고 능력도 커지게 된다. 그런데도 나이를 먹고 성장할수록 자존감은 낮아지고 스스로에 대한 확신과 만족감이 낮아지는 걸 많이 볼 수 있다. 주변을 차근히 살펴보자. 초등학생 때는 뭐든 할 수 있다고 생각한다. 그래서 꿈을 물어보면 "저는 과학자요", "저는 국가대표요", "저는 가수요" 등의 무한한 꿈 이야기들이 가득했을 것이다. 자신의 상황과 능력, 조건들을 고려하면서 온갖 부정적인 감정으로 자신을 제한하지 않는 것이다. 오직 미래에 대한 설렘 가득한 꿈을 상상했던 것이다. 하지만 고등학생이나 청년들에게 꿈을 물어보면 "저는 공부를 못해서 할 수 없어요", "저는 가수가 되고 싶은데 어려울 거 같아요" 등 자신감 없는 소리를 한다. 물론 이성적으로 판단할 수 있는 나이가 되었기에 어린아이보다는 현실적인 답변을 하게 되었다고 볼 수도 있다. 그러나 자라면서 반복되는 부정적인 경험들과 실패의 경험으로 인하여 또 다른 실패를 경험할 가능성이 높아졌다고도 볼 수 있다.

다시 말하면 성장하면서 겪는 실패 경험들은 스스로에 대한 불신으로 바뀌게 되고, 스스로에 대한 불신으로 인해 자신도 모르게 좌절하게 된다는 말이다. 어린 아이일 때는 사소한 일에도 긍정적인 피드백을 받게 되는 경우가 많지만 자라면서 칭찬보다는 제재와 통제를 받게 된다. 또한 1등만 칭찬하는 학교 제도에서 꼴찌가 된 학생들은 자기신뢰와 자기애가 낮아질 수밖에 없다. 이러한 성장 과정에서 사람들은 작아진 스스로를 발견하게 되는 것이다.

사람마다 각자 트라우마가 있다. 부정적인 경험을 하게 되면 비슷한 상황에서 두려움을 느끼게 되는 것이다. 나도 심각한 트라우마가 있었다. 바로 영어 듣기에 관한 트라우마였다. 학창시절 영어는 참 어렵고 힘든 과목이었고 특히 영어 듣기 시간에 늘 좌절과 고통을 맛봐야 했다. 고1 첫 모의고사 때는 비록 지금은 못하더라도 나중에는 영어 듣기를 잘할 수 있을 거란 희망이 있었다. 하지만 고2, 고3으로 진학하면서 영어 듣기 때문에 내가 원하는 대학에 가지 못할 것 같은 두려움에 힘들어졌다. 다른 과목은 나름대로 상위권이었는데 영어 듣기 때문에 점수가 낮아지는 상황이 반복되자 스스로를 '영어 듣기도 못하는 사람'으로 단정 지어 버렸다. 실패가 반복되면서 자신에 대한 신뢰와 확신이 무너진 것이다. 그런 상황에서 다시 영어 듣기 공부를 해보겠다는 결심을 하기란 어려웠다. 실패가 습관이 되어 결국은 자신감이 무너지는 결과를 초래한 것이다.

나에게는 미술 또한 공포의 대상이었다. 친구들은 보통 미술 시간에는 공부를 안 해도 된다며 좋아했지만, 나는 그 시간만 되면 어두워진 표정을 감출 수 없었다. 그 이유를 거슬러 올라가 보니, 초등학교 때의 한 사건이 떠올랐다. 4학년인지 5학년인지 정확히는 기억나질 않는다. 상상화 그리기 시간이었는데, 도저히 무엇을 그려야 할지 몰라서 수업 내내 끙끙 앓았다. 그림에 자신도 없었거니와 상상화라는 건 더 막연했다. 어찌 보면 대충 아무거나 그리면 되는 건데 끝까지 흰 도화지만 멍하니 바라봤다. 결국 수업 시간이 끝났는데 나만 그림을 그리지 않았다. 담임 선생님은 다 그리고 가라고 하셨다. 그래서 아이들이 모두 떠난 교실에 혼자 남아 그림을 그렸다. 그때의 기억은 아직도 생생하다. 청소 당번인 아이들이 청소를 하면서 자꾸 째려보는 것만 같았다. 스스로 너무 창피하고 자존심이 상했다. 그런데도 아무것도 그리지 못하는 나 자신이 싫었다. 결국 아무거나 마구 그려서 낸 뒤 집에 왔지만 그때의 감정이 트라우마로 남아서인지 그 이후로 나는 미술 시간만 되면 너무 힘들었다. 그건 중학교, 고등학교에서도 마찬가지였다. 실패 경험이 계속 쌓이면서 결국 스스로 '미술을 싫어하는 사람', '미술을 못하는 사람'으로 단정 지어 버린 것이다.

우리는 살면서 많은 다짐과 결심을 한다. 그렇기에 모든 계획을 완벽하게 성취할 수는 없다. 그렇다면 계속 실패를 거듭하는 것도 어쩔 수 없는 일일까? 그렇지 않다. 큰 목표를 세우는 게 힘들다면 큰 목표를 작게 나누어서 하나씩 성취하면 된다. 작은 목표라도 성공을 하게 되면 목표의 어려움과 크기와는 무관하게 성공의 기쁨을 경험하게 된다. 성공하는 습관이 생기는 것이다. 또한 자존감이 높아지는 결과도 얻게 된다. 우리의 뇌는 목표의 크고 작음보다는 달성을 통한 성공의 경험을 더욱 중요하게 느낀다. 따라서 매일 1분의 명상하기를 달성한 사람에 대해서 다른 사람들은 크게 칭찬하지 않을 수 있지만 스스로는 그걸 달성함으로써 성공경험을 누릴 수 있다. 반대로 계속 사법고시에 떨어진다고 해도 다른 사람들은 쉽게 비판하지 못하겠지만 본인 스스로는 계속되는 실패를 통한 부정적인 경험을 쌓게 될 수 있다. 이렇듯 성공의 크기도 중요하지만 성공 여부가 절대적으로 중요하다. 작은 목표라도 성공의 경험을 많이 만들어가는 것이 자존감을 향상시키고 끈기의 힘을 증대시키는 데 중요하다. 따라서 항상 어려운 목표에만 도전하여 실패를 많이 경험하는 것보다는, 작고 사소한 목표라도 끊임없이 성공의 기쁨을 느끼고 경험하는 것이 내면의 끈기를 발견하는 데 더 도움이 될 것이다.

나는 정말 간절함이 있는가

> 승자가 되기 위해서는 두 가지가 필요하다.
> 명확한 목표와 그것을 이루려는 뜨거운 열망
> — 브래드 버든

평범한 사람이 간혹 초인적인 능력을 발휘하는 경우가 있다. 2013년 서울 강북구의 한 빗물펌프장에서 사고가 있었다. 건이라는 아이가 방과 후 친구들과 집으로 가던 중 빗물펌프장 근처에서 놀고 있었다. 펌프장 위를 덮고 있던 철판 위에서 뛰어놀던 남동생 건을 누나 민이 데리고 가려던 순간 철판이 구부러졌고, 남매는 아래로 추락했다. 수심이 1.3m 정도 되는 곳이었다. 다행히 키가 150cm인 누나 민은 잠기지 않았지만 키가 작은 동생 건은 잠길 수도 있었다. 그러자 누나 민은 동생 건을 등에 업었다. 추위로 인해 정신을 잃을 수도 있었지만 남매는 서로의 체온으로 약 1시간을 버티다가 인근을 지나가던 중학생의 도움으로 구조됐다. 어른도 아홉 살 남자아이를 1시간 동안 업고 있기가 쉽지 않다. 특히나 추운 물이 목까지 차오르는 상황에서는 더 힘들었을 것이다. 구조를 기다리는 중에 동생이 누나에게 "누나! 그냥 나 내려줘. 이러다가 누나 죽으면 안 되잖아"라며 동생이 울먹였다고 한다. 그런데도 누나 민은 꿋꿋이 버텼다. 어떻게 열한 살 여자아이에게서 이런 초인적인 힘이 나올 수 있었을까? 어떠한 힘이 동생과 자신을 살릴 수 있게 한 것일까?

비슷한 사례는 많다. 1995년 삼풍백화점 붕괴사고 당시 참혹한 사고 현장에서 377시간 만에 구조된 사람이 있었다. 사고 후 17일째였던 그 당시 많은 전문가들은 "17일간 아무것도 먹지도 마시지도 못한 상황에서 극한의 공포까지 경험하면 생존할 가능성은 희박하다"고 판단했다. 하지만 박 모 양은 377시간 만에 기적적으로 구조됐다. 이론적으로 설명할 수 없는 이런 초인적인 일이 우리 주변에는 끊임없이 일어난다. 어떻게 이런 일들이 일어날 수 있는 걸까?

결국은 간절함이 이런 초인적인 힘을 발휘하게 되는 것이다. 희망이 없는 것으로 보였지만 간절함이 있었기에 그 고통과 절망 속에서도 이겨낼 수 있었던 것이다. 단순히 체력이나 스킬, 지식의 문제가 아니다.

우리는 흔히 새해가 되면 많은 결심과 다짐을 한다. 그러나 대부분 실패하고 포기한다. 그런 경우 마음속에 간절함이 있었는지를 스스로 물어볼 필요가 있다.

옛날에 성공을 하고 싶은 어떤 남자가 있었다. 어떻게 하면 성공을 할 수 있는지를 배우고 싶어서 수소문한 결과 다른 고을에 지혜로운 선생이 있다는 걸 알게 됐다. 그리고는 신이 나서 그 선생을 찾아갔다. "선생님! 전 성공하는 방법을 알고 싶습니다. 지혜로우신 분이신 걸 알고 왔습니다. 저에게 성공하는 비법을 알려주세요"라고 간곡히 부탁했다. 그러자 그 선생은 이렇게 말했다. "저 컵에 물을 가득 채운 후 동네 한 바퀴를 돌고 와라. 단, 물이 넘쳐서 줄어들면 평생 나의 노비로 살아야 한다. 그래도 하겠느냐?" 남자는 승낙했다. '노비로 살 수 없어. 절대 물이 넘치지 않도록 해야지'라는 생각으로 남자는 온 마음을 집중해서 동네 한 바퀴를 걷고 돌아왔다. 신나서 선생을 찾아간 그 남자는 자신 있게 자신의 컵을 보여주었다. 선생은 남자에게 물었다. "어떻게 물이 넘치지 않게 걸을 수 있었느냐?" 그러자 남자가 대답했다. "절대 노비가 되지 않고, 반드시 성공하는 방법을 배우겠다는 생각만 했습니다. 그래서 물컵에만 집중했습니다." 그러자 선생은 성공의 비법이 바로 그것이라며 남자를 제자로 받아주었다고 한다.

그렇다. 성공을 하려면 간절함이 있어야 한다. 그 남자는 절대 노비가 되지 않겠다는 마음과 반드시 성공하고 싶다는 간절함이 있었다. 그 간절함이 자신이 원하는 목표를 달성하는 힘과 에너지가 되었던 것이다.

금연을 새해 목표로 삼았는데 금세 담배를 피우는 스스로를 발견하지는 않았는가? 새해에는 운동과 다이어트를 해서 멋진 프로필 사진도 올리고 해변에서 사람들의 주목을 받겠다는 목표를 세웠지만, 어느 순간 야식을 먹으며 "다이어트는 내일부터 시작"이라고 외치고 있지는 않은가? 간절함이 없기 때문이다. 만약 담배로 인해 사랑하는 나의 아내와 자녀들을 남겨 놓고 죽을 수도 있다는 사실을 깨닫는다면 담배를 피울 수 있겠는가? 금연은 어렵지만 간절하다면 못할 것도 아니다. 실제로 담배를 절대 끊지 못한다고 했던 사람도 심각한 병에 걸려서 수술을 하게 되면 일시적일지언정 그 기간만큼은 금연하는 걸 보게 된다. 삶에 대한 간절함이 금연을 가능하게 한 것이다.

나도 20대 초반까지는 운동을 좋아하고 많이 했었다. 그래서 누구보다도 건강하고 괜찮은 몸이라고 생각하고 살았다. 하지만 점점 운동량은 줄고 생활이 불규칙해지다 보니 건강이 점점 나빠지는 걸 경험했다. 항상 운동을 해야 한다는 생각은 했지만 매번 '하지 않을 이유'를 만들어가면서 반복적으로 포기했다. 그때는 다 그럴 만한 사유였다고 자기합리화를 했지만 돌아보니 스스로가 너무 한심하게 느껴졌다. 스스로에 대한 신뢰가 없는 사람으로 보였다.

그러던 중 우연히 출근길에 급해서 뛰는 도중 현기증을 느꼈다. 그때 갑자기 잊고 있던 기억이 떠올랐다. 나는 자녀와 함께 운동을 하는 건강한 아빠, 아내와 여행을 많이 다니는 건강한 남편이라는 꿈이 있었다. 그런데 어느덧 배만 볼록하게 나오고 조금만 움직여도 쉽게 지치는 남자가 되어 있었다. 충격이었다. 이렇게 살다가는 아이가 초등학생이 되었을 때 같이 운동하는 건강한 아빠는 절대될 수 없을 것 같았다. 이러면 정말 안 된다는 생각이 나의 뒤통수를 쳤다. '용기야! 정말 이러면 안 돼'. 어릴 적 아빠와 함께 뛰어놀았던 기억이 없어서 건강하고 친구 같은 아빠가 되겠다고 다짐했었는데, 이렇게 살다가는 나도 힘없고 항상 지쳐있는 아빠가 될 것 같다는 생각이 들었다. 그 생각이 나를 일어서게 했다. 그래서 운동을 시작했다. 이번에는 건강이나 몸짱이 목표가 아니었다. 나의 오랜 꿈인 건강한 아빠, 여행하는 남편이 되는 것이 목표였다.

그렇게 운동을 하기 시작하니 점점 흥미가 생기고 즐거웠다. 내가 즐겁게 반복을 하면 뭐든지 쉬워지는 걸 경험하게 된다. 그 시작은 나만의 간절함이 있어야 가능하다. 간절함이 없기에 우리는 쉽게 지치고 포기하게 되는 것이다.

간절함이 없다는 건 자동차에 연료가 없는 것이고 전자제품에 콘센트가 연결되지 않은 것이다. 이 간절함을 찾는 것이 끈기의 비밀이 될 것이다.

조금씩 반복의 힘을 믿지 않는다

노력이 지겨워질 때조차 한 걸음 더 나아가도록
자신을 독려할 수 있는 사람이 승리를 거머쥔다.
— 로저 배니스터

몇 년 전 방송에서 '토토가'라는 프로그램이 나왔다. 과거 1990년
대의 인기 가수들을 다시 소환해서 당시 유명했던 노래를 다시 만
나보자는 의도로 만든 프로그램이었다. 이 프로그램의 인기는 가
히 놀라웠다. 나를 비롯한 과거의 향수에 빠진 30대, 40대들의 폭
발적인 관심을 끌었다. 이 회차의 시청률은 기존의 시청률을 훨씬
상회하면서 폭발적인 관심을 증명해 주었고, 그 방송에 나왔던 가
수들의 노래가 각종 음악 차트 순위에 오르는 현상도 나타났다. 그
런데 신기한 게 있었다. 20년이 지난 노랜데도 들으면 가사가 나도
모르게 입에서 나오는 것이었다. 내가 이걸 외우고 있었나 싶었다.
그동안은 내가 이걸 외우고 있다는 사실조차 모르고 있었다. 그런
데 노래의 반주가 나오자마자 나도 모르는 기억의 저장공간에서 흐
릿했던 가사들이 줄줄 나오는 것이었다. 너무나 신기했다. 어릴 때
인기 있던 노래들은 자연스럽게 천 번도 넘게 듣고 부르지 않았을
까 싶다. 그래서 20년이 지난 지금 나도 모르게 가사들을 기억하며

따라 부를 수 있는 것이었다. 이런 현상은 나뿐만이 아니었다. 나의 아내도 마찬가지였다. 이것이 반복의 힘이다. 반복이 어느 수준을 넘으면 완벽하게 체득하게 된다. 머리가 기억하는 게 아니라 몸과 마음이 흡수하는 것이다.

그런데도 우리는 이 반복의 힘을 믿지 않는다. 아니, 반복의 힘을 기억하려고 하지 않는다. 반복의 힘, 습관의 힘을 믿지 않기에 지속하는 힘, 끈기의 힘이 부족해지게 마련이다.

앞에서도 말했지만 나는 영어 듣기를 싫어했다. 영어는 하루 이틀 벼락치기로 해결할 수 있는 과목이 아니었음에도 간단하게 끝내 버리고 싶었었다. 그래서 영어 듣기는 주말에 한 번만 몰아서 공부하고는 쭉 쉬기를 반복했다. 나는 그렇게 제대로 된 반복 학습을 하지도 않으면서 스스로를 원망하고 불평했던 것이다. 나는 반복의 힘을 알지 못했고 믿지도 않았다.

『어머니 저는 해냈어요』라는 책의 저자 김규환은 초등학교 학력으로 대우종합기계(현 대우중공업)에 말단 사원으로 입사했다. 그곳에서 그는 기능공을 거쳐 국내 최고의 기능인에게 주어지는 '명장'이라는 칭호를 받기에 이른다. 김규환 명장은 일하던 중 외국 바이어들이 한국에 오는 모습을 보고 외국인과 영어로 대화를 하고 싶다고 생각했다. 특히나 통역을 하던 한국인이 멋있어 보여서 부러웠다고 한다. 그래서 외국인 바이어가 오면 통역관 없이 간단한 대화를 하겠다는 목표로 공부를 시작했다. 일단 간편한 회화책을 한 권 사서 하루에 한 문장씩 쓰고 외우기 시작했다. 이때 영어뿐 아니라 독일어, 스페인어, 중국어, 일본어 5개 국어를 동시에 외우기 시작한 것이다. '굿 모닝'을 적고 '안녕하세요'라고 한국말로 적어서 외웠다. 그리고는 그날 목표한 한 문장을 외우고는 끝냈다. 더 욕심을 내면 어렵고 힘들어서 포기할 것 같았기 때문이라고 한다. 그리고 쓴 문장을 눈에 잘 띄는 곳에 붙여서 지나가다가 볼 수 있게 했다. 그러면서 하루 종일 그 문장을 보고 읽다 보니 완벽하게 외우게 되었다고 한다. 주변에서는 하루에 그거 해서 뭐할 거냐며 조롱했다고 한다. 발음이 형편없다는 지적도 받았다.

그러나 그렇게 6개월을 보낸 뒤, 실제로 외국 바이어가 한국에 왔을 때 그는 "하이! 하우 아 유?"라는 간단한 질문에 "아임 파인 땡큐"라고 대답할 수 있었다. 자신감이 붙은 그는 더 나아가 먼저 질문까지 했다. "웨어 이즈 유어 홈타운?"이라는 질문에 바이어는 "마이 홈타운? 아임 프롬 샌프란시스코"라고 답변해 주었다. 다들 놀라워했다. 엉터리 같은 발음이었지만 대화가 되는 것을 보고 놀란 것이다. 그런데 사실 김규환 명장은 매일 1문장씩 180일 동안 문장을 외웠기에 그 당시 이미 기본적인 의사소통 문장들을 알고 있었다고 한다. 이렇게 꾸준히 하다 보니 나중에는 문장을 이용하는 능력이 빨라지면서 1년 만에 현장 통역관이 없어도 대화가 가능한 수준에 올랐다고 한다. 아무런 과외나 학원도 없이 오직 매일 1문장으로 이룬 성과였다.

김규환 명장의 학습에는 철칙이 있었다. 바로 하루에 한문장만 외운다는 것이었다. 컨디션이 아무리 좋아도 한문장만 외운다. 이유는 과욕을 부리면 반드시 하기 싫어지고 그러면 공부도 그날로 끝이라는 생각 때문이었다. 꾸준히 해야 한다는 사실을 명확히 알

왔던 그다.

김규환 명장은 말한다. "공부는 꾸준히 하는 것이 좋다. 한 달 만에 끝내겠다고 계획을 잡으면 사흘만 지나도 지치기 시작하기 때문에 머리에 부담을 주지 않을 정도로 천천히 매일 매일 하는 것이 중요하다. 끈기만 있다면 아무리 머리 좋은 사람도 이길 수 있다"라고 말이다.

"팔굽혀펴기 천 개를 하는 방법은 하루에 한 개씩 하는 걸로 시작하는 것이다"라는 말이 있다. 결국 팔굽혀펴기 천 개는 일반인에게는 어렵지만 매일 한 개씩 시작을 하고 조금씩 늘려 간다면 충분히 이룰 수 있다.

나는 7년간 세일즈를 해왔다. 가끔 후배들이 어떻게 해야 영업을 잘할 수 있게 되느냐고 묻는다. 물론 타고난 영업의 기질을 갖고 있는 사람들도 있다. 하지만 보통의 사람들이라면 결국 반복이 필요하다. 다양한 영업적 스킬과 노하우들이 있지만 그것도 자신의 것으로 만들려면 결국 반복해서 실천해야 한다. 반복해서 사람을 만나 제안을 하고 설득을 하는 경험을 쌓아야 하는 것이다. 그러는 가운데 영업의 능력이 향상된다. 국가대표 운동선수들도 말한다. 1~2주만 운동을 쉬어도 감각이 떨어진다고. 그만큼 매일 꾸준히 하는 것의 힘은 놀랍다. 박지성, 김연아, 박태환 같은 최고의 선수들도 끊임없이 반복해서 연습하고 훈련을 한다. 그만큼 반복의 힘은 대단하다.

주변에 너무 많은 엄친아

목표를 정하고 그것을 고수하는 이 한걸음이 모든 것을 변화시킨다.
— 스콧 리드

'엄친아' 또는 '엄친딸'이라는 신조어가 어느새 우리에게 익숙한 말이 됐다. '엄친아'는 '엄마 친구 아들'의 줄임말이고, '엄친딸'은 '엄마 친구 딸'의 줄임말이다. 엄마 친구의 아들이나 딸이 도대체 뭘 했길래 이런 말이 생긴 걸까? 이런 단어들은 우리 사회에 만연해 있는 비교의식을 보여주는 예다. 각각의 사람은 모두 다르다. 좋아하는 것도 잘하는 것도 다르다. 하지만 동일한 기준으로 비교하고 순위를 매긴다. 어릴 때부터 성적으로 서열을 나누다 보니 어느덧 이런 사고방식이 몸과 마음속에 새겨지게 된 것인지도 모르겠다. 우등생과 열등생이 나누어지고 우등생은 성공한 사람이 되고 열등생은 실패한 사람이 되는 분위기 속에서 살아왔다. 대학을 비교하고, 직장을 비교하고, 재산을 비교한다. 항상 비교를 하고 비교를 당하고 있는 것이다. 그러다 보니 자존감이 낮아지고 스스로에 대한 신뢰와 사랑이 사라진 듯 보인다.

나는 대학에 입학하면서 큰 좌절감을 경험했다. 그로 인해 자존감이 크게 낮아졌었다. 나름 공부를 열심히 했고 잘하는 편이라고 생각했었는데 수능 결과가 좋지 못했다. 내가 희망하던 대학이 아니면 재수를 해야 한다고도 생각했었다. 좋은 대학에 입학하는 친구들이 부러웠다. 그런데 한편 재수를 해도 수능을 잘 볼 자신은 없었다. 나에 대한 의심이 가득했다. 내가 나를 잘 몰랐나 싶었고, 나의 능력이 생각했던 것보다도 많이 부족하다고 생각했다. 이때 내가 느낀 감정들은 모두 부정적인 비교의 감정이었다. 처음엔 '내가 이런 학교에 올 사람이 아니야'라며 화를 냈지만 시간이 지날수록 나는 사실 별 볼 일 없는 그저 그런 사람이라는 생각이 커졌다. 자존감이 낮아지니 무엇을 하든 열정을 가지기 어려웠다. 설사 열정을 가지고 시작하려고 해도 끈기있게 해나가기 어려웠다.

그리고 20대 후반에 또 한 번 자존감이 낮아지는 일이 있었다. 당시 나는 새로운 삶을 살아보겠다며 기존에 다니던 대기업을 박차고 나왔다. 의미 있고 가치 있는 삶을 살고자 했기에 두려움이 없었다. 아프리카에서 선교하시는 선교사님의 모습을 보고 감동을 받아 나도 저렇게 살고 싶다며 마음속으로 끝없이 외쳤다. 처음엔 아프리카에 가서 현지 선교사님들의 모습을 따라서 해보는 것만으로도 너무 행복했다. 세상을 다 가진 기분이었다. 그동안 꿈꿔왔던 가치 있는 삶을 살 수 있을 것 같아서 설레고 행복했다. 그런데 시간이 갈수록 벽을 느꼈다. 영어에 대한 두려움이 점점 커졌고, 앞으로의 삶에 대한 불안감이 몰려왔다. 나에게는 그렇게 예상하지 못했던 두려움이 나를 휘몰아쳤다. 자신이 없었다. 나는 이상적이고 가치 있는 삶, 누가 보더라도 멋지고 의미 있는 삶을 살기를 희망했지만 그럴 수 없었다. 사업을 준비했지만 그것마저도 실패했다. 이후 신학대학원에 가기 위해 잠시 공부를 했었지만 결국 포기했다. 남들보다 늦어지는 것 같았고, 자신감도 없었다. 또 실패하고 좌절할 것 같았다. 내 친구들은 결혼하고 집을 사고 승진하면서 멋진 삶을 사는데 나는 그렇지 못한 것처럼 느껴졌다. 나는 나 자신이 초라하게 느껴졌고 슬펐다. 그러자 모든 것이 초조하게 느껴졌다.

나는 항상 비교했다. 그리고 비교하는 가운데 좌절하고 포기했다. 자존심은 컸지만 자존감은 낮았던 것이다. 누구한테 지거나 남들에 뒤처지면 질투심과 분노가 일었지만 내가 그들을 이길 자신과 확신은 없었다. 그러다 보니 무언가 꾸준히 지속할 마음가짐을 갖지는 못했다. 항상 급했다. 항상 조급해서 당장 성과가 보이지 않으면 불안해했다. 그럴수록 나는 끈기를 가지지 못했고, 자주 실패와 포기를 반복했다. 실패와 포기는 나를 더욱 낮은 자존감으로 밀어 넣었다. 더 잘하고 싶다는 간절함이 오히려 나에게는 독이었다. 남들과 비교하고 그들보다 나아 보이지 않으면 나의 존재 자체를 부정하고 한심하게 느꼈으니 무슨 일이든 제대로 하기는 힘들었다.

하지만 경쟁이라는 건 절대 무조건 나쁜 것은 아니다. 경쟁을 통해서 실력도 향상시킬 수 있고 발전도 할 수 있다는 점을 놓쳐서는 안 된다. 스포츠 기록이 꾸준히 상승할 수 있는 이유도 경쟁을 하기 때문이다. 마라톤이나 달리기와 같이 기록을 경신하는 종목에서 깨지지 않을 것 같던 기록이 기어코 깨지는 이유가 바로 여기에 있다. 경쟁은 사람이 힘과 에너지를 쏟을 수 있도록 해준다. 인류의 발전과 성장도 적절한 경쟁을 통한 사람들의 노력으로 이루어졌다. 그렇기에 경쟁은 분명 필요하다. 하지만 행복은 경쟁할 수 없다. 끈기도 경쟁할 수 없다. 내가 목표한 것을 꾸준히 끈기있게 지속할 수 있다면 그 사람은 승리자이다. 승리자이기에 행복할 수 있다. 내가 계속 성장하고 발전한다는 기쁨을 누릴 수 있기 때문에 승리자이고 행복한 사람인 것이다. 하지만 꾸준히 끈기있게 지속하지 못하고 반복해서 포기하고 좌절한다면 그 사람은 성장의 기쁨, 승리의 기쁨을 누릴 수 없다. 그런 사람이 행복할 수 있겠는가? 아마도 불가능하다. 삶의 모든 부분을 비교하고 경쟁하려고 하면 절대 행복해질 수 없다. 경쟁이 필요할 때도 있지만 경쟁을 내려놓고 스스로에 집중해야 하는 순간도 있음을 명심하자.

나도 책을 쓰고 작가의 꿈을 꾸면서 항상 생각하고 되새겼다. 다른 사람보다 앞서기 위해서 글을 쓰지는 말자고 다짐했다. 오직 나의 간절한 꿈과 목표를 위해서 느리더라도 끈기있게 한 걸음씩 전진했다. 주변의 이야기에 흔들리지 말고 오직 나의 길을 가고자 했다. 그렇게 조금씩 느리지만 한 걸음씩 걸어가자 어느덧 작가의 꿈을 이루었다. 또한 새로운 길을 만들어가고 있다. 내가 누군가와 끊임없이 비교하며 우월감과 좌절감을 경험했다면 금방 포기했을지 모른다. 그렇지 않았기에 마지막까지 도달할 수 있었다고 믿는다.

'엄친아'라는 말처럼 누군가와 비교하려 하지 말자. 이 글을 쓰고 있는 나의 장점과 적성은 이 글을 읽고 있는 당신의 장점과 적성과 다르다는 사실을 기억하자. 아무리 유명한 사람도 나보다 모든 면에서 뛰어나고 훌륭하지는 않다. 축구선수 박지성과 피겨선수 김연아를 누가 더 운동을 잘하는가로 비교할 수 있을까? 비교 자체가 안된다. 서로 종목이 다르기 때문이다. 하지만 우리는 서로 비교한다. 서로 하는 일도 다르고 좋아하는 것도 다르고 모든 것이 다르지만 비교하는 것이다. 그런 비교는 시도조차 무의미하다. 나는 그냥 나일 뿐이기 때문이다.

제3장

절대 포기하지 않는 힘

계속하는 자는 당해내지 못한다

많은 사람들이 인내를 통해
확실한 실패에 이를 게 분명해 보이는 것에서
성공을 이끌어 낸다.
— 벤저민 디즈레일리

'끈기'라는 단어를 국어사전에서 찾아보면 '쉽게 단념하지 아니하고 끈질기게 견디어 나가는 기운'이라고 나와 있다. 이 한 문장에 내가 말하고자 하는 모든 내용이 함축되어 있다.

끈기는 쉽게 단념하지 않으며 포기하지 않는 것이다. 중도에 힘들고 지칠 수도 있다. 또한 처음의 열정이 줄어들 수 있고, 노력하려는 에너지가 작아질 수 있다. 하지만 그래도 단념하지 않는 것이다. 내가 세운 목표를 향해서 가는 걸음을 멈추지 않는 것이다. 가야 할 이유가 분명하고 가지 않으면 안 될 이유가 있기 때문이다. 포기했을 때 오히려 더 후회할 수 있음을 기억하는 것이다. 끈질기게 견디는 것이며 힘든·순간에 한 걸음 더 내딛는 것이다. 한 걸음 더 내디딘다고 뭐가 달라지랴 싶더라도 힘을 내는 것이다. 힘들게 한 걸음 한 걸음 내디딜 때마다 끝까지 갈 수 있다고 굳게 믿고 나아가는 것이다.

"구슬이 서 말이라도 꿰어야 보배다"라는 말처럼 모든 일은 마무리가 중요하다. 그렇기에 지속하는 힘, 끈기의 중요성은 아무리 강조해도 지나침이 없다. 제아무리 우리나라 최고의 강사가 가르쳐주어도 학생이 끈기 있게 배우고 실천하고 학습하지 않으면 그 학생의 성적은 절대로 향상될 수 없다. 최고의 감독이나 운동선수에게 운동을 배웠다고 해도 내가 끈기 있게 배운 것을 연습하지 않으면 절대로 운동 실력이 향상되지 않는다.

투자에 관심이 많은 입사 동기가 있었다. 입사 초기에는 주식을 공부하겠다고 주식 관련 책과 강의를 듣고 다녔다. 2000년 중반 펀드 열풍이 불던 시절, 그 친구는 주식으로 외제 차를 사겠다며 근무 틈틈이 주식 거래 창을 열어놓고 주식에 열을 올렸다. 차트를 분석해서 하는 투자 방법이 고급 방법이라며 나에게 가르쳐주기도 했었다. 그러던 친구가 '서브프라임' 이후 주식시장이 악화되면서 큰 손해를 입고 말았다. 그러더니 이제 주식보다는 부동산 투자가 맞는 것 같다며 다시 부동산 책과 강의에 빠지기 시작했다. 그중 경매가 가장 좋은 방법인 것 같다며 나와 마주칠 때마다 경매의 장점과 방법들을 늘어놓았다. 그 친구는 평일에도 가끔 반차를 내고 경매를 하러 간다고 했었는데, 한동안 낙찰을 못 받아서 시간만 간다며 불평이 많아졌다. 그러다가 겨우 낙찰을 받았지만 결국 돈도 못 벌고 고생만 했다며 자신은 경매랑 맞지 않는 것 같다고 했다. 그러더니 다시 돈을 버는 새로운 방법을 찾겠다고 동분서주했다. 그렇게 시간을 보내던 그는 결국 투자는 아무나 하는 게 아닌 것 같다며 포기해 버렸다. 그 친구는 아마도 누구보다 많은 노력을 하고 시간을 투자했지만 돈을 버는 데 실패했다. 물론 반드시 당장 돈을 벌어야만 투자에 성공한 것이라고 말할 수는 없겠지만 이 친구는 한 분야에 성공하기 위해서는 다양한 경험과 무수한 노력이 필요하단 사실을 몰랐던 것 같다. 지름길만 원했고 눈에 보이는 성과가 없으면 바로 포기해 버렸다. 항상 방법에 문제가 있다고 생각했던 것이다. 하지만 방법이 아니라 지속하는 힘, 끈기가 문제였다. 한 방법을 깊이 연구하고 반복하여 나만의 방법으로 만드는 힘이 부족했던 것이다. 결국 누군가가 만들어놓은 방법을 쉽게 배우고 사용하려고만 했기에 실패한 것이라고 본다.

세계 최고의 피겨선수인 김연아 선수는 특히 점프가 훌륭한 선수이다. 그런데 이 한 번의 점프를 위해서 천 번이 넘도록 같은 훈련을 반복했다고 한다. 그녀의 점프 실력을 세계가 인정한 뒤에도 같은 훈련을 끊임없이 지속하며 반복했다. 수없이 넘어지고 수없이 반복하면서 끊임없이 발전하고 성장해온 것이다. 이렇게 훌륭한 선수도 계속 반복을 한다. 실전에서 실수를 줄이기 위해 피나는 노력을 지속하는 끈기를 보여주는 것이다.

에디슨의 일화는 너무나 유명하다. 『된다 된다 나는 된다』라는 책에서 에디슨은 많은 실패에도 불구하고 끝까지 목표했던 발명을 위해서 끈기를 보여준 대표적인 사람이었음을 알 수 있다. 그의 일화 중 필라멘트를 발견한 일화는 우리에게 많은 교훈을 준다. 에디슨은 필라멘트가 될 만한 물질의 표본을 세계 각지에서 모아서 실험하기 시작했다. 그런데 이천 번의 실험을 했는데도 필라멘트를 발견하지 못했다. 주변에서 포기하라는 말을 수없이 들었다. 하지만 에디슨의 생각은 달랐다. '필라멘트가 될 수 있는 물질은 약 오천오

백 가지가 있다. 이미 이천 번 실험했으니 앞으로 삼천오백 번만 더 하면 된다. 머지않아 이 실험은 끝날 것이다'라는 것이 그의 생각이었다. 포기하지 않고 끈질기게 도전했던 에디슨은 결국 성공을 하게 됐다. 아마 나를 포함한 많은 사람들은 이천 번을 실패하면 포기하고 말았을 것이다. 하지만 에디슨은 달랐다. 포기를 모르는 에디슨이었기에 많은 발명을 이루어낼 수 있었던 것이다.

나도 매번 반복되는 실패로 최악의 자존감을 가졌던 사람이다. 하지만 어느 순간 속도가 중요하지 않다는 걸 알게 됐다. 될 때까지 하면 된다고 믿었다. 그런 마음으로 밀어붙이자 하나씩 하나씩 길이 보였다. 운동을 통해서 느리지만 몸의 변화가 보였고 글을 쓰면서 어느덧 작가의 꿈이 보이기 시작했다. 일을 꾸준히 하다 보니 여러 가지 기회가 찾아오기 시작했다. 강의의 기회가 찾아왔다. 계속해서 전진하다 보니 느리지만 기회가 찾아왔다.

우리에게 중요한 것은 훌륭한 방법과 스킬이 아니다. 방법과 스킬은 너무나 쉽게 접할 수 있는 시대이기 때문이다. 핵심은 방법과 스킬을 나의 것으로 만드는 능력이 있는가다. 그 능력은 내가 끝까지 포기하지 않고 지속할 힘, 끈기를 가졌느냐로 결정된다.

포기하지 않고 끊임없이 나아가는 자는 누구도 막을 수 없다. 뛰어난 재능과 두뇌로도 일시적인 성공과 결과는 얻을 수 있다. 하지만 끈기가 없다면 그 성공을 유지할 수 없을 것이다.

지속적인 성장과 성공을 원한다면, 지속하는 힘, 끈기를 가져야 한다. 우리를 변화시키는 힘은 바로 끈기다. 끈기를 통해 삶의 변화를 시작해 보는 건 어떨까? 끈기를 가지고 있는 사람은 무엇이든 도전할 수 있고, 결과를 얻을 수 있는 사람이 된다. 결국 성공의 길을 갈 수 있는 사람이 될 것이다.

나는 이 글을 통해 한사람이라도 희망을 얻길 희망한다. 나와 함께 조금씩 꾸준히 정진하는 삶을 살기를 희망한다.

매일 반복하는 습관

재능보다 훈련, 열정, 행운이 우선이다.
그러나 이보다 더 위대한 것이 인내심이다.
— 제임스 볼드윈

 의외로 많은 사람들이 스스로 끈기가 없다고 생각하며, 끈기를 갖고 싶다는 생각을 가지고 살아간다. 하지만 막상 끈기에 대해서는 깊이 생각하거나 고민하지 않는다. 그런데 돌아보니 과거의 나도 마찬가지였다. 학창시절의 나는 나름대로 스스로에 대한 자신감이 있었다. 공부도 잘하는 편이었고, 운동도 곧잘 했고, 친구들과의 관계도 좋았다. 누군가에게 무시당해본 적도 없었다. 졸업 후 장교로 복무한 뒤 운 좋게 대기업에도 바로 입사했다. 기분은 좋았지만 언젠가부터 무언가 항상 부족함을 느꼈다. 직장생활을 하다가 떠났던 아프리카에 다녀온 뒤 나의 가치관은 완전히 변했고, 퇴사 후 새로운 삶을 살기로 계획하고 다양한 일에 도전했었다. 하고 싶은 것도 많았고 호기심도 많았다.

 그런데 시간이 지날수록 자존감이 낮아지고 있었다. 왜 그럴까 고민했지만 막상 답을 찾기는 어려웠다. 그냥 노력을 하지 않아서인가보다 싶었다. 더 큰 노력으로 더 큰 보상과 만족을 얻으면 자존감이 높아질 수 있다고 믿었다. 그래서 그때는 일단 열심히 해보자는 생각밖에 없었던 것 같다. 다양한 서적들과 강의를 통해 끊임없이 배우려고 했다. 좋은 방법과 해결책이 있을 거라 믿으면서 배우러 다녔다. 새해가 되면 다양한 계획과 목표를 세우고 마음을 다잡았다. 왠지 새로운 한 해가 될 것 같은 부푼 설렘이 들었다. 새해에는 공부도 열심히 하고, 운동도 열심히 하고, 업무에도 전문성을 더욱 키우고, 돈도 많이 벌고, 저축도 잘해서 목돈도 모으겠다는 등의 계획들을 나열했다. 새벽에 일찍 일어나기, 한주에 책 3권 읽기, 마라톤 풀코스 달리기, 매달 여행하기 등 작은 계획들도 많았다. 그런데 시간이 지나고 돌아보니 매번 이룬 건 없었다. 자꾸 뭔가를 시작하긴 하는데 결과가 없었다. 그다음 해에도 비슷한 계획을 또 세우고 있었다. 처음엔 그런 나의 모습도 잘 몰랐다.

그런 과정을 겪으며 지칠 대로 지친 나를 달래줄 무언가가 필요하다는 생각이 들었다. 그때 『내가 글을 쓰는 이유』라는 책을 만났다. 고통 가운데 글쓰기를 통해서 어려움을 극복하고 삶의 의미와 방향을 찾은 작가의 이야기를 읽다 보니 다시금 힘을 얻을 수 있었다. 나도 책의 저자처럼 다시금 힘을 얻고 행복의 방향을 찾을 수 있지 않을까 생각이 들었다. 그래서 한동안 잊고 있던 일기를 다시 시작했다. 거창할 건 없었다. 학창시절에 쓰던 일기와 20대에 끄적이던 일기처럼 일단 무엇이든 썼다. 매일 정해진 시간에 꼬박꼬박 쓰지는 않았다. 손으로 정해진 양식과 분량 없이 적어 내려갔다. 처음엔 그날 있었던 감정이나 기분을 적었고 기도제목이나 감사제목을 적기도 했다. 마구 적었다. 그러다가 문득 옛날 생각이 나면 학창시절, 대학 시절, 군대 시절, 사회초년생 시절들을 조금씩 적어보았다. 그런데 이때 나는 나 자신을 조금씩 발견하기 시작했다. 나의 과거의 모습들이 조금씩 한눈에 보이기 시작한 것이다. 그 모습은 매번 비슷한 목표를 세우고 포기하기를 반복하는 나의 모습이었다. 너무 부끄러웠다. 스스로가 너무 미웠다. '야! 정용기. 너 겨우 이 정도밖에 안 되는 거니?'라며 나에게 화를 내기도 했다. 일기를 쓰면서 과거의 시간들을 회상하다 보니 몇 년을 쳇바퀴 돌 듯 반복만 하고 있었다. 아무런 발전과 성장도 없이 그냥 시간만 보낸 것 같이 느껴졌다. 그제야 나의 모든 문제는 '끈기'였다는 사실을 알게 되었다. 무작정 열심히 하거나 좋은 방법을 배운다고 될 문제가 아니라는 사실을 깨달았다.

그 이후로 나는 끈기에 집중하기 시작했다.

혹시 이 글을 읽고 있는 당신도 스스로 끈기가 없다고 느끼고 있지는 않은가? 최근에 자존감이 많이 낮아졌다고 느끼는가? 스스로에 대한 확신이 없어서 도전하는 것이 두려운가?

그렇다면 '끈기'에 대해서 생각해야 할 시점은 아닌지 스스로에게 물어보자. 자신의 모습을 차근차근 살펴보면서 스스로의 존재에 대해서 꼼꼼히 탐색해보자. 내가 어떤 사람인지를 알아가 보자. 그래야 끈기가 있는 사람인지 없는 사람인지도 알 수 있고, 끈기가 없다면 왜 없었는지도 알 수 있게 된다. 그러면 그때부터 진정한 삶을 시작할 수 있는 것이다.

아무리 훌륭한 이론과 방법들을 책과 강의로 배워도 소용이 없다고 느꼈다면 지금이 적기다. 좋은 습관을 기르고 싶다는 생각이 들었다면 지금이 가장 좋은 시기이다. 원인과 해결방법을 찾아서 나만의 끈기, 지속하는 힘을 기른다면 매일 반복하는 습관의 힘을 깨닫고 익히게 될 것이다.

매일 반복하는 습관의 힘은 상상하는 것 이상으로 대단하다. 기술의 발전과 사회의 급속한 변화로 모두가 신속함을 원하지만 그러다 보니 무엇이든 빠른 결과를 얻지 못하면 금세 포기한다. 또한, 느리고 비슷한 것을 반복하는 데 금방 싫증을 느끼거나 지루해한다.

매일 반복하는 습관의 힘을 알기 어려운 시대가 되어버렸다. 그래서일까 오히려 매일 반복하는 좋은 습관을 가진 사람들은 더욱 다양한 기회를 얻게 되었고 사람들로부터 존경과 환호를 받게 되었다.

『블로그 글쓰기』라는 책의 저자인 이재범 작가의 좌우명은 'Slow and Steady'다. 그는 어릴 적부터 책 읽기를 좋아하는 편이었지만 그다지 대단한 학력이나 이력을 지닌 사람은 아니었다. 하지만 그러던 어느 날 책을 읽고 서평을 남겨야겠다는 생각이 들어서 서평 쓰기를 시작했다고 한다. 더불어 드라마, 영화, 다큐멘터리까지 다양한 리뷰를 남기기 시작했다. 꾸준하게 반복해서 말이다. 그랬더니 저자의 블로그에 하루에 몇만 명이 들어오게 되었고 파워 블로거로도 선정되면서 큰 영향력을 갖게 되었다. 그 이후로도 꾸준히 글을 올렸더니 어느덧 7권의 책을 집필하고 다양한 곳에서 강의를 하는 사람으로 변해 있었다고 한다.

그는 말한다. 자신도 처음부터 글을 잘 쓰는 사람은 아니었다고.

대신 꾸준히 거의 하루도 빠지지 않고 글을 썼다고 한다. 그는 "총 3411편의 글을 블로그에 올렸다. 1년을 365일로 잡으면 거의 9년이 넘는 시간 동안 매일같이 글을 썼다"고 고백했다. 결국 매일 꾸준하게 반복했기에 7권이 넘는 책의 작가가 되었고 강의도 할 수 있게 되었던 것이다.

끈기를 통해 습관을 기르고 습관을 통해 매일 꾸준하게 반복하면 누구라도 이런 기회를 맞이할 수 있다고 믿는다. 나도 아직 무언가를 이룬 사람이 아니며 그냥 평범한 사람일 뿐이다. 하지만 매일 반복하는 것의 힘을 믿고 있기에 어제도 오늘도 내일도 나는 내가 목표한 바를 위해서 조금씩 전진하고 있다.

내가 끈기를 가진 사람이라고 믿게 되면, 알 수 없는 자신감이 생긴다. 누군가에게 자랑할 것이 없어도 자존감이 향상되는 것이다. 그 이유는 빠르지는 않더라도 언젠가는 내가 원하고 목표하는 바에 도달할 수 있을 거라는 확신을 가지게 되기 때문이다. 끈기가 그 확신을 가져다줄 것이라 믿는다.

당신도 숨어있던 끈기를 찾아낸다면 스스로를 더욱 사랑하고 인정하게 될 것이라 믿는다. 우리 지금부터 차근차근 내 안에 숨어있는 끈기를 찾아보자. 의외로 쉬울 수 있다.

머리로 생각하고, 몸으로 실천하라

도전에 성공하는 비결은 단 하나!
결단코 포기하지 않는 일이다.
— 디어도어 루빈

　많은 책들과 자기계발 전문가들은 한목소리로 외친다. "원대한 꿈을 가져라!", "꿈과 희망을 가지고 목표를 설정하라"

　이런 다양한 책들과 강의들 덕분에 우리는 목표를 세우고 실천하는 것에는 익숙해졌다. 그 중요성도 알게 됐다. 그래서 누구나 새해가 되면 1년 동안 내가 이루고 싶은 목표들을 열심히 적는다. 마라톤 풀코스, 한 달에 10권 읽기 등의 목표를 세운다. 계획을 세우기만 해도 마치 이루어진 것 같아서 기쁘고 설렌다. '이렇게만 한다면 올해는 반드시 몸짱이 될 수 있어', '올해는 외국인과 자유롭게 영어로 대화를 하게 될 거야'라며 계획을 세우고 결심을 하는데 빠져든다. 그런데 이렇게 계획을 세우고 결심을 하는 것도 중독이 된다고 한다. 『결심중독』의 저자 최창호 박사는 도박중독, 게임중독, 마약중독처럼 결심도 중독이 된다고 말한다. 결심과 실패를 자주 반복하다 보면 '결심중독'이 된다는 것이다. 그런데 이 결심중독은 생각보다 무서운 심리중독이다. 자신도 모르게 결심중독에 빠져서 하루에도 수없이 결심을 반복하는 것이다.

내가 바로 결심중독자였다. 언제나 결심만 했다. 저녁에 집에서 책상에 앉아 매일 결심을 했다. 나는 정말 간절하게 목표를 세우고 결심을 했다고 믿었다. 하지만 얼마 후에는 또 비슷하거나 동일한 결심을 하고 있었다. 매일 새벽 5시에 일어나서 영어공부를 하고 신문을 읽겠다는 목표를 세웠다. 성공한 사람들은 새벽 시간을 활용하고 항상 공부를 한다고 하기에 나도 꼭 그렇게 해서 성공하겠다고 결심했다. 첫날은 새벽 5시에 일어나서 영어공부를 열심히 하고, 출근 전에 종이신문에 밑줄까지 그어가면서 열심히 했다. 나도 이제 성공하는 습관을 익힐 수 있을 거라고 믿었다. 하지만 평일 새벽에 몇 번 일어난 후 주말만 되면 마음이 나약해졌다. 평일에 열심히 도전했으니까 주말에는 좀 쉬어도 될 것 같다는 핑계를 댔다. 주말에 푹 쉬면 오히려 평일에 다시 열심히 할 수 있을 거라고 자기암시를 하며 말이다. 하지만 그렇게 주말이 지나면 이상하게도 더 피곤하고 힘들었다. 여러 가지 할 수 없는 이유들이 나의 머릿속을 채웠다. '주말에는 쉬어야 평일에 더 열심히 할 수 있어', '한두 번 정도는 못해도 다음 주부터 열심히 하면 괜찮아', '어차피 장기적인 목표니까 몇 번 정도는 그리 영향이 없어'라는 생각들로 미뤘다. 그런데 이상하게 이렇게 한두 번 미루고 나면 다시 이어서 하는 게 어려웠다. 그렇게 일주일 못하면 다시 계획을 세우고 결심을 하는 작업을 했다. 그때는 단지 계획과 방법이 잘못되었던 것뿐이라는 듯 새로운 결심을 반복했다.

그런데 이런 문제는 나만의 문제가 아니었다. 『결심중독』에 영국의 심리학자 리처드 와이즈먼 교수에 관한 내용이 나온다. 그는 2007년에 영국인 삼천 명을 대상으로 새해결심을 얼마나 지키는지 실험했다. 실험에 참여한 사람 중 결심을 반드시 지킬 거라고 확신한 사람이 52%였다. 와이즈먼이 이들을 1년 뒤 확인해 봤는데, 그중 단 12%만 새해결심을 지켰다. 결국은 10명 중 1명 정도만 새해결심을 이룬 셈이다. 동양이나 서양이나 작심삼일의 모습은 차이가 없는 듯하다.

이런 작심삼일을 이길 수 있도록 도와주는 힘이 바로 지속하는 힘 '끈기'다. 머리로 계획하고 결심하는 작업을 행동으로 실천하고 이끌어 갈 수 있도록 도와주는 것이다. 세상에서 유행하는 온갖 방법과 이론도 물론 중요하다. 과학적인 검증과 이론을 바탕으로 한 유익한 방법들이 넘쳐난다. 그것들을 배우고 익히는 것은 굉장히 중요하다. 하지만 나만의 끈기를 갖추는 것은 반드시 필요하다. 어쩌면 인생 변화의 시작이 될 수 있다.

여기서 끈기가 부족해지는 다양한 원인과 끈기를 키울 방법들을 언급할 것이다. 하지만 분명한 건 이건 보편적인 방법이 아니라는 사실이다. 나는 꼭 말해주고 싶다. 당신에게 맞는 방법을 찾으라고 말이다. 그러기 위해서는 자신을 발견하고 진단하는 것이 중요하다. 스스로에 대한 관찰과 진단을 한 뒤라야 비로소 나만의 방법과 노하우를 만들고 발전시키는 것이 가능하다는 말이다.

끈기가 생기면 신기한 걸 경험하게 된다. 갑자기 유명해지거나 대단한 성공을 이루거나 큰돈을 갖게 되는 건 아니다. 물론 그런 부분들도 분명히 따라올 수 있지만 그것보다 더 큰 이점은 '스스로가 좋아지고 자랑스러워진다는 점이다. 자존감이 높아지고 나를 신뢰하게 된다. 스스로를 신뢰하는 사람은 행복해진다. 뭔가가 크게 바뀌거나 달라지지 않아도 행복해질 수 있다.

그 이유는 바로 희망이 생기기 때문이다. 지금은 비록 내가 나를 봐도 별로 대단치 않을 수 있다. 그냥 평범할 뿐이다. 아니, 평범도 안 되고 주변 친구들이나 지인들과 비교하면 한없이 부족하고 별 볼 일 없을 수 있다. 하지만 끈기를 가진 사람이 되면 무엇이든 할 수 있다는 자신감이 생긴다. 멋진 강연이나 책을 읽고 한순간 느끼는 마음속 불길이 아닌 마음속 깊은 곳에서 나오는 자신감과 확신이 나타난다. 그래서 작은 성공을 반복해서 달성하는 사람은 더 큰 목표를 달성할 힘이 생기는 것이다.

아무리 사소한 목표라도 성공을 경험하면 만족감과 기쁨을 얻고 자부심을 느끼게 된다. 하루에 1분 책보기는 쉽다. 그렇게 작은 목표를 달성하면 하루에 5분 책보기가 가능해지고, 더 나아가서는 10분, 30분, 1시간의 독서가 가능해진다. 이렇게 만들어진 1시간 책보기 목표는 쉽게 무너지지 않는다. 그리고 이렇게 생긴 자신감과 성취감은 또 다른 목표를 성취하는데 큰 에너지를 가져다준다. 예를 들면 지금은 팔굽혀펴기를 열 개밖에 못 하는 사람이 있다고 하자. 하지만 매일 열 개씩 하는 끈기를 지닌 사람이라면 언젠가는 천 개를 할 수 있다는 확신이 있을 것이다. 이 사람은 팔굽혀펴기가 힘들지 않다. 언젠가는 달성할 것을 알기 때문이다. 오히려 즐겁고 행복할 것이다. 이런 것은 생각만으로는 안 된다. 실천해야 한다. 그 실천을 도와주는 것이 지속하는 힘, 끈기이다. 생각을 실천으로 옮길 때 우리는 엄청난 고통과 에너지가 필요하다. 그때 필요한 것이 끈기다. 하지 않아도 될 이유, 할 수 없는 이유가 무수히 떠오를 때 그것을 이겨내는 힘, 해야만 하는 이유를 만들어 주는 힘이 바로 끈기다.

끈기를 지닌 사람이 되면 우리는 결심만 반복하는 결심중독자에서 결심을 실천하고 실행하는 사람으로 변모하게 된다. 결심중독자도 실천중독자가 될 수 있다는 사실을 기억하자.

내비게이션이 되어라

천재는 영원한 인내다.
— 미켈란젤로

나는 개인적으로 군대 생활을 통해서 많은 것을 얻었다. 군대 생활을 통해서 리더십을 배웠고, 신앙을 키웠으며, 많은 책을 읽었고, 생각을 키울 수 있었다. 하지만 군대에서 내가 유독 어려워하던 것이 있었는데, 그건 바로 지도를 보면서 길을 찾는 독도법이었다. 나는 지도를 보고 길을 찾는 것이 너무나도 어려웠다. 정말 속상했었다. 그래서 나는 훈련을 나가기 전에 사전답사를 할 때마다 어떻게든 길을 기억하려고 부단히도 노력했었다. 나에겐 길을 찾아가는 것이 너무나 힘들고 어려운 일이었기 때문이다.

그런데 그때 나에게 지금 흔하디흔한 내비게이션이 있었다면 어땠을까? 아마도 그런 어려움을 겪으면서 혼자서 끙끙대지는 않았을 것이다. 가끔 그런 상상을 해본다. 내가 내비게이션을 가지고 훈련을 했으면 어떠했을까? 아마도 더 자신 있고 훌륭하게 훈련을 할 수 있지 않았을까 생각해본다.

내비게이션은 우리가 가고자 하는 목적지에 빠르고 효과적으로 도달할 수 있도록 도와주는 장치이다. 이 내비게이션이 있으면 우리는 어디든지 길을 몰라도 갈 수 있다. 초행길도 어려움 없이 쉽게 찾아가게 되는 것이다. 그런데 내비게이션의 진짜 장점은 잠시 휴게소나 길가에서 쉬었다가 다시 출발해도, 내가 길을 잘못 들어서 경로를 이탈해도 계속 원하는 목적지로 안내를 해준다는 점이다. 길을 따라가는 중에 길을 잘못 들어서는 경우에도 다시 내가 원하는 목적지로 갈 수 있도록 새로운 길을 바로 알려준다. 이런 기능이 너무나 당연하고 익숙해서 대단하다고 느끼지 못하겠지만 이런 내비게이션 기능이 우리를 안심하게 해주기 때문이 편히 운전할 수 있는 것이다.

'끈기'가 바로 우리 삶에 있어서 내비게이션 같은 존재라고 말할 수 있다. 우리가 원하는 목표에 가기 위해서는 많은 것들이 필요하지만 내비게이션의 역할을 하는 '끈기'가 필수인 것이다.

'뽀통령'으로 유명한 뽀로로를 모르는 사람은 아무도 없을 것이다. 뽀로로를 제작한 최종일, 신창환 대표는 처음부터 흥행작을 만들었던 제작자는 아니었다. 광고회사인 금강기획에서 만난 두 사람은 신사업 프로젝트 중 하나였던 애니메이션 사업을 함께 맡게 된다. 그때 외환위기가 왔고 회사에서는 애니메이션 관련 사업을 접었다. 만화의 매력에 빠져 있던 두 사람은 일을 제대로 시작도 못했던 것이다. 그러자 두 사람은 회사를 나와 창업을 했다.

2001년 처녀작인 '수호요정 미셸'을 발표했지만 흥행에는 실패했다. 그러나 포기하지 않았다. 끈기 있게 다시 재도전하면서 대상을 '어린이'에서 '영유아'로 바꿨다. 그런데 영유아를 대상으로 도전했던 것이 적중했던 것이다. 우는 아이의 울음을 멈추게 하고, 그 무섭다는 치과 치료의 공포도 사라지게 한다는 그 전설의 뽀통령이 탄생했으니 말이다. 두 사람의 끈기가 이런 성공을 이루어낸 것이다. 만일 외환위기 때 회사에서 애니메이션 사업을 접을 때 함께 포기했다면 이런 성공이 가능했을까? 처녀작이 실패했을 때 포기하거나 좌절했다면 가능했을까? 처음의 생각처럼 동일한 방법으로만 도전했다면 성공했을까? 그렇지 않았을 것이다.

끈기를 가지고 끊임없는 시행착오를 겪으면서도 포기하지 않고 견뎌 내었기에 이런 성공이 가능했다. 이때 끈기가 없었다면 아마도 이런 성공신화를 만들어 낼 수 없었을 것이다. 길을 잃고 있을 때 내비게이션이 끊임없이 새로운 길로 안내해주는 것처럼, 포기하지 않고 계속 지속하는 힘인 끈기가 새로운 전략과 길로 인도한 것이다.

내 아내는 글씨 쓰는 걸 참 좋아했다. 유치원 교사로서 오랜 시간을 일한 영향도 없지는 않지만 항상 예쁜 글씨를 써서 편지나 쪽지를 적어주는 걸 좋아했다. 유치원 교사 시절에도 학부모나 학생들에게 편지를 써주면 받는 사람들이 큰 감동을 받았고, 연애 시절에 나도 아내의 예쁜 글씨로 편지를 받을 때면 너무 행복했다. 단순히 좋아하는 거라고만 생각했었는데 우연히 서점에서 캘리그라피 책 하나를 보고 심장이 두근거렸다고 한다. 책의 저자를 만나보고 싶어서 원데이 캘리그라피 강의까지 찾아가게 되었고 그 이후 혼자서 하루도 빠짐없이 꾸준히 연습을 이어갔다. 명언필사, 성경필사 등 다양한 글씨를 블로그 등의 SNS에 남겼더니 어느덧 많은 사람들이 아내의 글씨를 좋아해주고 응원해주게 됐다. 어느덧 아내는 캘리그라피 작가가 되고 싶다는 꿈을 갖게 되었고 차근차근 준비중이다. 우연한 점 하나하나가 모여서 선을 이루는 듯한 모습이었다. 끈기를 가지고 자신이 좋아하는 것들을 지속하다 보니 새로운 길과 방향이 나타났다. 가는 도중에 다른 방향으로 길을 걸어가더라도 결국에는 다시 원래의 목표를 향해 가게 될 수 있었던 것이다.

한편 나는 혼자서 일기를 쓰면서 지내던 중 『내가 글을 쓰는 이유』의 저자인 이은대 작가의 강의를 듣게 됐다. 그 강의를 통해 본격적으로 글을 쓰고 싶다는 생각이 들었다. 글을 쓰는 것 자체가 참 많은 의미와 가치를 가지고 있고 치유의 효과가 있는 행동이라는 걸 알게 된 것이다. 매일 3~4시간씩 글을 쓰셨다는 작가의 말에 나는 일단 매일 쓰는 것에 집중했다. 차츰 쓰는 것이 익숙해지면서 글의 양이 늘어나기 시작했다. 처음에는 빼먹는 날도 있었지만 글을 쓰다 보면 나를 표현하는 것 같아서 시원하고 개운한 감정을 느꼈다. 중간에 귀찮거나 포기하고 싶을 때는 일기를 쓸 때의 행복감을 다시금 되새기며 포기하지 않고 지속하려고 했다.

그러면서 블로그에 글을 적기도 하고, 내가 좋아하는 종이신문을 찍어서 사진과 함께 글을 남기기도 했다. 중간에 힘들거나 바쁘면 빠질 때도 있었지만 그것에 연연하지 않았다. 매일 하면서 쌓이는 행복과 내가 무언가를 지속하는 모습을 보게 되었을 때 느끼는 만족감이 있었다. 책을 출간하겠다는 목표를 갖게 되면서 더욱 힘을 낼 수 있었고 지금은 거의 매일 글을 쓰고 있다. 불가피한 경우를 제외하면 거의 매일 2시간 정도를 글쓰기 시간으로 투자하고 있다.

내가 책을 출간하겠다는 목표를 세웠다는 것 자체가 어색하고 웃겼지만 새로운 희망과 목표가 생겼다는 것 자체만으로 기뻤다. 길을 몰라서 헤매고 있었는데 내비게이션이 길을 알려줘서 목적지를 향해 나아가는 기분이었다.

나는 중간에 포기할 뻔하기도 했고 방황도 했다. 하지만 내가 무언가를 지속할 수 있는 사람이라는 걸 조금씩 느끼면서 포기하지 않고 지속하는 힘, 끈기를 느끼고 배웠다. 그래서일까 퇴근 후 저녁 12시가 넘어서도 방에서 키보드를 두드리고 있다. 끈기라는 내비게이션이 내가 중간에 포기하지 않도록 도와주고 있는 것이다.

목표를 향해 나아가다 보면 실패할 수 있다. 이 길이 아니라는 판단이 들 때도 있다. 하지만 끈기가 있으면 결국은 반드시 종착점에 도착하게 된다. 그 종착점에 도착한다는 믿음이 생기는 순간, 우리는 불안하거나 초조하지 않게 된다. 결국은 도달할 것을 알기에 희망이 생기고 에너지가 샘솟는 것이다.

희망을 품은 사람들

인내심을 갖추는 것만으로도 위대하고 고귀한 힘을 가진 것이다.
— 호레이스 부쉬넬

우리는 모두 성공하고 싶어 한다. 학생들에게 물어본다. 너는 왜 공부를 잘하고 싶니? 그러면 다들 "성공하려고요", "돈 많이 벌려고요"라고 대답한다. 20대 청년들에게 물어본다. 왜 이렇게 열심히 학점 관리에 영어공부, 어학연수, 자격증, 인턴을 준비하느냐고 말이다. 그러면 한결같이 "성공하려고요", "부자 되려고요"라고 대답을 한다. 그러면 왜 성공을 하거나 부자가 되고 싶은지 물어봐도 같은 대답을 한다. "행복해지려고요"라고. 행복하기 위해서 그렇게들 열심히 노력하고 공부하고 일한다는 것이다. 그런데 이상하다. 막상 사람들을 보면 행복해 보이지 않는 경우가 많다. 행복하려고 열심히 사는데 행복과는 거리가 있어 보인다. 왜 그럴까?

세상은 점점 좋아지고 있지만 그 가운데 우리의 삶은 점점 더 팍팍해지고 있다. 이 나라의 교육제도와 세상의 기준은 점점 성공만을 부르짖게 만들고 있다. 끊임없이 성공을 위한 삶을 살아야 행복할 수 있다는 생각을 주입하고 있는 것이다.

그렇다면 정말 행복하려면 어떻게 해야 할까? 바로 과정이 행복해야 한다. 어떤 목표를 이루는 것에 초점을 맞추면 그 과정은 불행할 수 있다. 그런데 '성장'하는 것에 집중하면 그 과정은 행복할 수 있다. 목표를 달성하는 것이 아닌 스스로 매일 조금씩이라도 성장하는 것에 집중하는 것을 성공으로 삼는다면 그 과정에서도 행복을 누릴 수 있게 되는 것이다.

따라서 성공이 아닌 성장에 집중해야 할 것이다. '성공'은 정상에 오르는 것에만 초점을 맞춘 것이기에 결국 정상에 오르기 위한 힘들고 고통스러운 과정을 수반한다. 하지만 '성장'은 산 정상에 오르는 과정에서 경치를 보고 시원한 바람을 맞으며 오르는 것 자체를 즐기는 것이다. 그렇기에 빠르게 오를 필요도 없고, 다른 사람과 비교하며 오를 이유도 없다. 그냥 한 걸음씩 걸으며 경치를 즐기고 맑은 공기도 마시며 산행 자체를 즐기면 된다. 이래야만 오르는 과정도 행복하고 정상에 올라서도 행복하다.

얼마 전 방송 프로그램에서 한 장애인이 피트니스 센터에서 운동하는 모습을 보게 되었다. 원래 정상인이었는데 심한 교통사고로 장애를 가지게 되었다고 한다. 항상 도와주는 사람이 있어야 할 정도로 몸이 상당히 불편해졌고 말도 어눌해졌다고 한다. 그래서 한동안은 집안에서만 생활했는데 그렇게만 살아서는 안 되겠다 싶어서 운동을 시작했다고 한다. 물론 몸이 불편하니 처음엔 제대로 운동이 되질 않았다. 특히 주변의 시선이 신경 쓰여서 많이 고민했다고 한다. 또 말이 어눌하다 보니 사람들과의 대화도 피하게 됐단다. 하지만 그래도 운동을 꾸준히 하면서 몸이 점점 좋아졌고 혼자서

할 수 있는 것들이 점점 많아졌다고 한다. 이제는 목발을 짚고 스스로 걸어 다닐 수 있고 주변 사람들과도 느리지만 끊임없이 대화를 한다고 했다. 그러면서 정말 행복한 미소를 지었다. "매일 좋아지고 있어서 행복하다"는 그의 말이 너무나 가슴에 와 닿았다. 그렇다. 이 사람은 지금 당장은 보잘것없고 무언가를 이루거나 달성하지도 않았다. 하지만 행복하다. 왜일까? 매일 성장하고 있기 때문이다. 매일 조금씩 몸과 마음이 건강해지고 있기 때문이다. 성장을 경험하고 성장에 집중하다 보니 행복을 누리고 있는 것이다. 누군가는 저런 상태로 뭐가 행복하냐며 핀잔을 줄 수 있을 것이다. 하지만 오히려 유명한 연예인이나 재벌들이 자살을 하기도 한다. 진짜 행복이 어디에 있는지를 생각하게 되는 부분이다.

물론 말처럼 쉽지는 않다. 하지만 분명한 것은 성장에 집중하면 희망과 꿈이 생긴다는 사실이다. 매일 나의 삶이 발전하고 나아진다는 걸 경험하게 되면 그 이후엔 희망과 꿈이 생긴다. "돈이 없는 사람은 주변의 도움으로 살 수 있어도 꿈이 없는 사람은 죽은 것이나 마찬가지다"라는 말이 있다. 꿈과 희망이 없는 사람은 무의미한 매일을 죽지 못해 살아가게 된다. 그렇지만 꿈과 희망이 있다면 어려움이 와도 극복할 수 있는 힘과 지혜를 갖게 되는 것이다.

성장을 지속해나가는 힘도 결국 끈기다. 매일 꾸준히 반복하고 지속할 수 있는 끈기를 통해서 우리는 성장에 집중할 수 있다. 방금 이야기한 몸이 불편한 분도 매일 끈기를 가지고 작은 실천을 함으로써 성장의 기쁨을 얻을 수 있었다. 여기서 중요한 것은 다른 사람들을 신경 쓰지 않고 오직 나만을 바라보면서 나의 성장만을 생각하는 것이다. 이기주의가 아니라 세상의 눈과 이목에 신경을 쓰지 않는 것이다.

우리는 자꾸만 주변을 의식한다. 그러다 보니 보여지는 성공에만 집착하는 것이다. 하지만 그럴 필요도 없고 그래서는 안 된다. 나의 삶을 진정으로 살아가고 기뻐하고 행복을 느낄 사람은 오직 나다. 다른 사람이 만들어놓은 인생에 나를 맞출 이유는 절대로 없다. 오직 나에게 집중하자. 내가 진정 원하는 길에만 집중하자. 세상이 만들어놓은 길에서 벗어나자. 그리고 묵묵히 그 길을 걸어가자. 끈기를 가지고 나아가자. 그러면 차츰 성장의 기쁨을 누리게 된다. 절대 급하거나 초조해하지 말자. 목표 달성에 초점을 맞추지 말고 어제보다 나은 내일이 되었음에 기뻐하자.

오늘 하루 10분 달리기를 했다면 나의 심폐기능과 근력이 어제보다 좋아졌을 것이다. 그것이 작아보여도 진정 기뻐하자. 오늘 하루 책을 10분 읽었다면 나의 지식과 생각하는 힘이 어제보다 좋아졌을 것이다. 그것을 진심으로 기뻐하고 나를 위해 칭찬하자. 아마도 이 글을 보면서 끈기를 다시 한 번 생각하게 되었을 거라 믿는다. 어릴 적부터 쭉 성공 가도만을 달려온 사람의 성공 스토리였다면 와 닿지 않을 수 있을 것이다. 하지만 이 이야기는 누구보다도 평범하고 누구보다도 끈기가 없던 '정용기'라는 사람이 조금씩 성장해온 이야기다. 이 이야기가 누군가에게 도전과 희망이 되었으면 좋겠다.

얼마 전에 문득 포털사이트에 '끈기'를 검색해 보았다. 지식인에 "저는 끈기가 없어요. 어떻게 하면 끈기가 생길까요?"라는 질문이

너무나 많았다. 아마도 나와 비슷한 고민을 가지고 살아가는 사람들이 많다는 뜻일 것이다. 부족하고 대단할 것 없는 나의 경험담과 생각이 다른 이들에게는 내비게이션처럼, 선생님처럼, 멘토처럼 도움을 주었으면 하는 바람이다.

끈기를 통해서 매일 성장하는 삶을 살 수 있다. 성장은 성공과 다르다. 성공은 한순간의 기쁨이지만 성장은 매 순간이 행복이다. 성장을 하는 사람은 결국 삶의 행복을 누리고 인생의 성공도 맛보게 된다. 성장에 초점을 맞추어 살아가길 희망한다.

제4장

재능과 환경을 뛰어넘는
최고의 힘

99℃ 앞에서 포기하는 습관

어떤 종류의 성공이든 인내보다 더 필수적인 자질은 없다.
인내는 거의 모든 것, 심지어 천성까지 극복한다.
— 록펠러

물은 100℃에서 끓지만 99℃까지는 아무런 변화를 보이지 않는
다. 1℃에서 99℃까지는 외관상 물의 변화가 나타나지 않는 것이다.
그래서 주방에서 물을 끓이다가 아무런 변화가 없다고 그냥 불을
꺼버리면 아무런 요리도 할 수 없는 것이다. 모든 과정에는 아무런
변화가 느껴지지 않는 과정이 반드시 존재한다. 처음과 별 차이가
느껴지지 않는 시간이 지속이 되는 것이다. 많은 사람들이 어떤 목
표를 위해 실천을 시작하지만 변화나 성과가 느껴지지 않으면 금방
포기해 버리는 이유가 바로 이 때문이다.

유명한 록펠러의 이야기를 들어봤는가? 석유왕 록펠러도 처음부
터 승승장구하면서 사업을 성공적으로 이끌어 갔던 것은 아니다.
그는 금광 개발 사업을 시작했을 때 큰 위기를 맞았다. 사기를 당
해서 가지고 있던 모든 돈을 잃었고 금광을 발견하지 못해서 사업
을 접어야 하는 위기에 빠졌다. 하지만 그때 록펠러는 그대로 포기
하거나 좌절하지 않았다. 조금만 더 파면 반드시 금광을 발견할 수

있을 거란 믿음으로 계속 파 내려갔고, 결국은 금광을 발견했다. 사업도 위기에서 벗어났다. 처음부터 열심히 땅을 파고 들어가도 원하는 금광이 발견되지 않았던 건 흡사 물이 99℃까지 가열해도 끓지 않는 것처럼 답답한 과정이었을 것이다. 그러나 물이 100℃에서 끓기 시작하듯이 금광도 조금 더 파고 들어가자 발견할 수 있었다. 이때 록펠러가 그냥 포기하고 좌절했다면 지금의 석유왕 록펠러의 전설은 존재하지 않았을 것이다.

마지막 1℃를 남겨두고 포기하거나 좌절하는 건 조급함 때문이다. 나는 다수의 영업사원들을 만났다. 영업직의 특성상 사람을 만나고 그 사람의 마음을 얻는 과정이 필요하다. 한 번에 사람을 만나서 내가 원하는 결과를 얻어내는 경우도 많겠지만 보통 오랜 기간 관계를 유지하고 신뢰를 쌓는 과정이 필요하다. 그렇기에 어떤 일보다도 꾸준하게 끈기를 가지고 일하는 것이 중요하다. 그런데 많은 사람들이 당장 눈에 보이는 결과를 얻지 못하면 쉽게 포기를 했다. 특히나 빠른 결과를 얻어 내려다보니 조급하게 일을 처리하다가 한 명 한 명의 고객을 놓치는 경우도 있었다. 한 명 한 명이 쌓이다 보면 고객이 기하급수적으로 늘어나는 게 영업의 매력이고 장점인데, 그것을 깨닫기 전에 포기하는 경우가 많은 것이다. 그래서 한 번만 더 만나면 실적이 나타날 거라는 사실을 믿고 꾸준히 이어 나가는 것이 중요하다.

마지막 1℃를 남겨두고 포기하는 또 다른 이유는 확신이 부족하기 때문이다. 결국 내가 선택한 나의 목표와 방향에 대한 믿음이 있어야 하는데 그렇지 못하다는 말이다.

예를 들어 공무원 시험을 준비하는 학생이 있다고 생각해보자. 그런데 그 학생이 뭘 해야 할지 모르는 상황에서 주변에서는 공무원이 좋다고 하니까 시험 공부를 시작하는 거라면 어떨까. 물론 열심히 노력해서 좋은 결과를 얻을 수도 있겠지만, 자신이 직접 고민하고 간절하게 원해서 정한 길이 아니라면 힘들고 어려운 시기가 왔을 때 이겨낼 힘이 부족할 것이다. 결국 마지막 1℃를 남겨두고 포기하게 될 가능성이 크다. 어떠한 목표를 달성하기 위해서 노력하는 과정 중에는 반드시 고비와 어려움이 찾아온다. 그리고 그것을 이겨낼 힘은 자신의 목표에 대한 확신에서 온다. 지금 공부하는 시험이 간절함으로 선택한 길이라면 이겨낼 힘이 생길 것이다. 그러나 세상에서 말하는 좋은 직업이기에, 부모님이나 주변에서 권유했기에 시작한 길이라면 이것만큼 힘들고 어려운 길은 없을 것이다.

앞에서 말한 석유왕 록펠러가 시작한 사업이 부모님이 시켜서 하는 일이거나 누군가의 지시로 이루어진 것이었다면 어떠했을까? 마지막까지 땅을 더 파내면서 금광을 발견할 끈기를 발휘할 수 있었을까? 자기가 선택한 길에 대한 확신과 간절함이 있었기에 그는 계속 땅을 팔 수 있었다. 이 사업을 통해서 성공을 이루겠다는 확신과 신념이 있었기에 성공할 수 있었던 것이다.

부모님 또는 전문가라는 사람들이 하는 말을 무시하는 것이 정답은 아닐 것이다. 하지만 분명한 건 그런 말들과 이론들에 휘둘릴 필요가 없다는 것이다.

지금 도전하고 있는 일을 포기해야 할까 고민하고 있는가? 그렇다면 한 번만 잠시 모든 걸 중단하고 다시 한 번 생각해보자. 내가 원하는 목표가 조금 늦어진다고 실패자가 되는 걸까? 그리고 지금 내가 달성하고자 하는 목표가 진정 내가 정한 나만의 길이라고 할 수 있는가? 이 질문에 대답을 해나간다면 마지막 1℃를 남겨두고 포기하는 일을 줄여나갈 수 있을 것이다.

포기하려고 하는 순간 1℃만 더 기다리면 숨겨져 있던 보물을 발견할 수 있다. 그 1℃를 기다리는 것이 어쩌면 인생의 결과를 바꾸어 놓을 수 있다는 사실을 기억하자.

보통사람을 위대하게 만드는 힘

한 걸음 한 걸음 단계를 밟아 나아가라.
그것이 무언가를 성취하기 위한 내가 아는 유일한 방법이다.
— 마이클 조던

시대가 급격히 변화하고 있다. 과거에 우리가 존경하고 우러러보던 직업들이 어느덧 그저 그런 직업들이 되어가고 있다. 변호사나 의사라고 하면 과거에는 고소득을 보장받고 존경까지 받을 수 있는 선망의 직업이었다. 하지만 최근에는 수요와 공급의 불균형으로 인해 모든 변호사와 의사가 과거의 영광을 누릴 수는 없게 됐다. 평생직장이라던 대기업도 이제는 흔들리고 있다. 시대는 몇십 년 만에 급격하게 변화하고 있고 기존의 사회는 어느새 낯선 얼굴을 하고 있음을 발견한다.

대학에 진학할 때도 과거에는 어떤 학과를 선택해야 차후 취업에 유리할지를 많이 고민했다. 하지만 전망이 있는 학과? 유망한 학과? 이런 것이 정말 존재하는지 의심스럽다. 전망이 있는 분야가 따로 있는 것은 아니다. 그 분야에서 내가 어떻게 살아남는지가 중요해진 것이다.

그렇기에 이제는 과거의 생각에서 벗어나야 할 시기가 왔다. 결국 중요한 것은 나만의 명확한 분야와 장점, 매력을 만들어나가는 것이다. 개업하는 의사는 한해에도 엄청나게 많다. 퇴직 후 창업을 하는 퇴직자도 엄청나다. 하지만 그들이 모두 성공적으로 자리매김하는 것은 불가능하다. 경쟁이 치열하기 때문이다.

그렇기에 자기만의 장점, 매력을 가지고 있어야 한다. 그런데 그 장점과 매력을 가지려면 반드시 필요한 것이 있다. '끈기'와 '자기만의 길'이다.

영화 '짝패'에서 이런 대사가 나온다. "강한 사람이 오래가는 것이 아니라 오래가는 사람이 강한 것이다" 이 말은 결국은 꾸준히 끈기 있게 이겨낸 사람이 사실상 승리자라는 말이다. 록펠러가 한 번 더 땅을 파겠다는 마음으로 끈기 있게 도전했기에 성공했던 것처럼 말이다. 자동차를 처음 개발한 포드가 사람들 앞에서 자신의 꿈을 선포했을 때 어땠는가? 사람들은 기차보다 사람도 적게 태우고 연료도 많이 필요한 자동차를 비웃었다. 전문가들은 완전 허황된 이야기라며 무시했다. 하지만 포드는 끝까지 자신의 꿈을 밀고 나갔다. 결국은 자동차가 온 도시를 뒤덮을 정도로 자동차의 시대가 도래하게 되었다. 이런 경험은 비단 특별한 소수의 사람들만의 이야기가 아니다.

최근 몇 년간 최고의 흥행배우로 꼽히는 오달수라는 배우가 있다. 지금은 다양한 영화에서 활발하게 활동하면서 많은 사람들에게 사랑을 받고 있다. '천만 배우'라는 수식어가 붙을 정도로 그가 출연한 많은 영화들이 흥행하는 성과를 거두었다. 지금은 가장 핫한 영화배우 중 한 명이 되었다. 그런 오달수라는 배우도 너무나 오랜 시간 무명의 시간과 어려운 시간들을 지나왔다. 그동안의 연기 내공이 쌓이고 쌓여서 지금 빛을 보고 있는 것이라고 할 수 있다. 그런데 만약 오달수라는 배우가 중도에 연기를 포기했다면 지금의 인기와 명성을 누릴 수 있었을까? 황정민, 김윤석 등 지금은 걸출한 주연 배우들도 사실상 오랜 시간 무명과 어려운 시절을 견디어 낸 배우들이다.

이 사람들의 끈기와 지속하는 힘이 지금의 오달수, 황정민, 김윤석을 있게 했다. 하지만 무조건 오래 유지만 한다고 이루어지는 것은 아닐 것이다. 좀 더 다르게 말한다면 끈기를 가지기 전에 반드시 필요한 것이 바로 '자기만의 길'이다. 세상이 말하는 정형화된 길, 익숙했던 길이 아니라 나만의 길 말이다. 오달수와 같은 배우들이 그 어려움과 힘든 과정을 거치면서도 연기를 포기하지 않고 지속할 수 있었던 건 정말 연기를 사랑했고 간절했기 때문일 것이다. "연기를 하면 배고프고 힘들다"는 말도 이겨내야 했을 것이다. 더 좋은 길로 옮길 것을 권유받기도 했을 것이다. 너에게는 맞는 일이 아니라는 조롱과 험담을 감수해야 했을 수도 있다. 하지만 이런 와중에도 견딜 힘은 '내가 만들어가는 길'이라는 생각에서 나왔을 것이다. 자신이 가장 좋아할 수 있고 잘할 수 있고 최선을 다할 수 있는 것이기 때문에 견딘 것이다. 그 배우들은 단지 연기를 하면 돈을 많이 벌 수 있고 유명해질 수 있다는 이야기를 듣고 시작한 것이 아니다. 전망이 좋거나 사람들이 부러워하는 직업이어서 시작한 게 아니다. 만약에 그랬다면 1~2년도 아니고 그렇게 오랜 시간을 견디면서 자신만의 길을 만들 수는 없었을 것이다.

2016년 연말 예능 시상식에서 방송인 김종민 씨가 대상을 받았다. 많은 사람들은 김종민이라는 방송인이 대상을 받는 것에 대해서 환호하고 기뻐했다. 다수의 사람들이 칭찬했고 기뻐했고 진심으로 축하했다. 왜 그랬을까? 그는 특별히 화려한 언변과 능력을 갖춘 사람은 아니었다. '1박 2일'이라는 프로그램을 거쳐 간 쟁쟁한 스타들이 많았기에 한때는 '병풍'이라는 소리를 들으면서 존재감이 부족한 모습을 보이기도 했다. 다른 사람이라면 그걸로 인한 스트레스로 하차했을 수도 있을 것이다. 하지만 그는 한 개의 프로그램에서 9년이라는 오랜 시간 동안 묵묵히 자신의 자리를 지켜왔다. 그 와중에는 여러 유혹이 있었을 테지만 자신의 자리에서 최선을 다했다. 누군가는 다양한 사건 사고들로 이미지가 실추되고 방송에서 사라지는 가운데서도 김종민이라는 사람은 항상 바른 자세로 자신의 자리를 지켜왔다.

그가 이렇게 말했다. "꼴찌가 좋아요. 꼴찌도 할 수 있다는 걸 보여주고 싶어요." 이 말을 듣는 순간 전율을 느꼈다. 정도를 걸어가는 사람의 모습을 보는 듯했다. 그는 단순히 속도가 빠른 것은 중요하지 않다는 걸 알게 해줬다. 끈기를 가지고 묵묵히 자신만의 길을 걸어간 사람에게는 반드시 보상이 찾아오고 성공을 거둘 수 있다는 걸 보여준 것이다. 보통의 사람이 비범하게 되는 비결은 결국은 끈기와 자기만의 길이다.

다른 사람들의 속도에 맞출 필요는 없다. 다른 사람들의 모습을 곁눈질할 필요도 없다. 다른 사람들의 평가에 우왕좌왕할 필요도 없다. 오직 내가 선택한 길이 옳으며 내가 가고자 하는 길을 걸어가면 된다.

왜냐면 내가 이 세상에서 가장 소중한 존재이고 가장 특별한 존재이기 때문이다.

환경은 불평하는 것이 아니라
극복하는 것이다

> 승리는 노력과 사랑에 의해서만 얻어진다.
> 승리는 가장 끈기있게 노력하는 사람에게 간다.
> 어떤 고난의 한가운데 있더라도 노력으로 정복해야 한다.
> 그것뿐이다. 이것이 진정한 승리의 길이다.
> ― 나폴레옹

'서툰 목수가 연장 탓한다'는 속담이 있다. 자신의 능력과 노력을 문제 삼기보다는 외부의 환경과 조건에 책임을 돌린다는 뜻이다. 이처럼 우리는 문제의 원인을 나에게서 찾기보다는 외부에서 찾으려고 한다. 그리고 문제를 만나면 주어진 환경을 보고 불평하거나 낙심하기만 하고 끝내는 경우가 많다.

내가 한때 가르쳤던 학생 중에는 엄마가 어릴 적부터 온갖 사교육을 시켜서 바쁘게 자란 학생이 있었고, 반면 집안 사정이 넉넉지 않아서 부모님이 공부에 많은 관심을 갖지 못한 학생이 있었다. 그런데 어릴 적부터 사교육을 받았던 학생은 매번 하는 소리가 있었다. "어릴 때 너무 공부에 시달려서 고등학교에 오니까 공부하기가 싫어요"라는 말이었다. 어릴 적에 너무 공부에 시달리며 살다 보니 공부가 지겨워졌다는 말이었다. 물론 그 학생의 말도 이해가 되었다. 그런데 반면, 어릴 적 집안 형편상 많은 교육을 받지 못했던 학생은 이렇게 이야기했다. "어릴 적에 기초가 부족해서 지금 고등학생이 되니까 너무 힘들어요"라고 말이다. 어릴 때부터 다양한 교육을 받았으면 지금 더 공부를 잘할 수 있을 텐데 그렇지 못하다는 말이었다.

어떠한가? 이런 모습이 단지 어린 학생들에게만 나타나는 모습일까? 이 글을 읽고 있는 스스로를 한번 돌아본다면 어떠할까? 아마도 나이의 많고 적음을 떠나서 모두 비슷한 경험이 있을 것이다. 물론 나도 비슷한 경험이 무수히 많았다.

우리에게 주어지는 환경은 사실상 좋고 나쁨이 있지 않다. 주어진 환경의 모습을 잘 파악하고 그것을 나에게 긍정적인 방향으로 활용하는 것이 진정 중요하다는 것을 말하고 싶다. 예를 들자면 나는 오랜 시간 영업을 해왔는데 같은 회사의 같은 상품을 판매하더라도 누구는 높은 실적을 거두고 누구는 낮은 실적을 거뒀다. 물론 개인마다 성향과 경력, 노하우, 인맥 등이 다르기에 완벽하게 동일한 조건이라고 말할 수는 없다. 그러나 분명한 건 누군가는 같은 조건에서 어렵고 힘든 부분만을 찾아내면서 일하는 사람이 있고, 반대로 누군가는 자신에게 도움이 되고 영업에 장점이 될 수 있는 부분을 찾아내서 일하는 사람이 있다는 사실이다. 누구의 성과가 좋겠는가? 당연히 끊임없이 나에게 주어진 환경 속에서 내가 활용할 수 있고 장점으로 만들 수 있는 부분을 찾아내는 사람일 것이다.

일본의 '경영의 신'이라 불리는 마쓰시타 고노스케라는 사람이 있다. 그의 일화는 환경을 탓하거나 불평하기보다 주어진 환경을 긍정적으로 활용하는 능력이 중요함을 알게 해준다. 마쓰시타 고노스케가 성공할 수 있었던 세 가지 이유를 소개한다.

첫째, 어릴 적 집이 몹시 가난해 어릴 적부터 구두닦이, 신문팔이 같은 고생을 통해 세상을 살아가는 데 필요한 많은 경험을 쌓을 수 있었다.

둘째, 태어났을 때부터 몸이 몹시 약해 항상 운동에 힘써왔기 때문에 건강을 유지할 수 있었다.

셋째, 초등학교도 못 다녔기 때문에 모든 사람을 나의 스승으로 여기고 누구에게나 물으며 배우는 일을 게을리하지 않았다.

그는 "이 세 가지를 하늘이 나에게 준 시련이라고 생각하고 항상 감사하며 살았다"는 고백을 했다.

주어진 가난을 탓하며 원망과 불평만 했다면 그 가난에서 벗어날 수 있었을까? 구두닦이, 신문팔이를 하면서 배움을 얻을 수 있었을까? 그렇지 않았을 것이다. 주어진 환경과 상황에 빠져서 아무것도 할 수 없다고 믿는 사람과 그런 상황 속에서도 배우려는 사람의 미래는 다를 수밖에 없는 것이다.

환경은 불평하고 피하는 것이 아니라 극복하는 것이다. 아니, 나에게 맞게 활용하는 것이다. 절대적으로 좋은 환경이나 나쁜 환경은 존재하지 않는다. 단지 내가 그렇게 받아들이고 대응했을 뿐인 것이다. 주어진 환경 속에서 성장할 수 있도록 장점을 발견하는 눈이 필요한 것이다.

나의 경우 어릴 적에 가난했지만 그랬기에 부모님이 나에게 공부에 대한 강압을 주시지 않았다. 그래서 오히려 스스로 공부할 수 있었다고 생각한다. 또한 가난했기에 돈의 소중함을 알고 자랄 수 있었다. 영업이라는 힘들고 거친 과정을 겪어 보면서 사람에 대한 이해가 넓어졌고, 세상을 보는 눈을 키울 수 있었다. 학생들을 가르치면서 어릴 적 기억을 떠올리는 행복을 경험할 수 있었고, 기독교 대안학교 설립이라는 목표를 다시 한 번 바라볼 수 있었다. 나를 통하여 어린아이들이 올바른 기독교 가치관을 가지고 세계 곳곳에서 멋지게 살아가는 상상을 하면 너무나 가슴 벅차고 행복해졌다.

하지만 한두 번의 시도만으로 이런 것을 깨닫고 경험할 수는 없다. 결국은 꾸준하게 나의 방향으로 실천하고 지속하였기에 깨달을 수 있었던 것이다. 어떤 환경이든 극복할 수 있다. 끈기만 있다면 극복하지 못할 환경이란 없다. 환경이 나를 지배하는 것이 아니라 내가 환경을 지배하고 통제할 수 있는 삶! 그런 삶을 살아간다면 조금은 더 행복에 가까워지지 않을까 생각한다.

지금 나에게 주어진 시간과 환경을 있는 그대로 받아들여 보자. 그리고 차분하게 바라보자. 100% 완벽하게 나쁜 환경은 없다. 아무리 어두운 터널도 낙심하지 않고 꿋꿋이 걸어간다면 반드시 빠져나가게 되어 있다. 낙심하지 말고 그 안에서 길을 찾아낸다면 오히려 더욱 좋은 기회가 기다리고 있을 것이다.

태도를 바꾸면 길이 보인다

인내는 영혼을 강하게 하고, 기분을 좋게 해주고,
화를 참게 해주고, 질투를 없애고,
교만함을 억제하고, 말을 제어한다.
― 조지 혼

학창시절에 선생님이 자주 하시던 말씀이 있었다. "알려고 노력하는 사람에게는 하나라도 더 가르쳐주고 싶지만 그렇지 않은 사람에게는 알려주려고 하던 것마저 모두 알려주지 못할 수 있다"라는 말씀이다. 한 사람의 태도를 중요하게 판단한다는 의미로 하신 말씀이었다. 솔직히 그 당시에는 마음에 와 닿지 않았지만 시간이 지나고 나니 이 말이 떠올랐다.

나는 군대 전역 후 바로 대기업에 입사하는 기회를 얻었다. 그래서 그때는 정말 행복했고 스스로가 자랑스러웠다. 자신감이 생겼고 누구도 부럽지 않았으며 부모님께도 자랑스러운 아들이 된 것 같아서 행복했다. 나는 가난하고 어렵게 자랐기 때문에 누구보다 빨리 성공하고 돈을 많이 벌고 싶었다. 그렇기에 가장 빠르게 인정받고 승진도 하는 멋진 코스를 기대했다. 그런데 막상 입사한 후 내가 속한 부서는 회사에서 그리 인정을 받지 못하는 부서였다. 또한 내가 전공한 환경공학과와는 단 1%의 관련성도 없는 부서였다. 또한 내가 하는 업무도 너무나 하찮아 보였다. 특히나 팀장님의 온갖 잡다한 업무들까지 맡아야 했다. 내 동기들은 회사의 중요하고 어려운 업무를 하는 듯 보이는데 나는 겨우 팀장님 심부름이나 하는 것 같다는 생각이 들었다. 이래서는 성공할 수 없을 것 같다는 생각이 나를 끊임없이 괴롭혔다. 이런 모습으로 시간이 지나면 안 될 것 같았다. 내가 초라해 보였다.

그때부터 고민이 시작되었다. 나는 회사에서 중요한 부서의 일을 하고 싶었다. 또한 내가 전공한 환경공학과 관련된 일을 하고 싶었고, 인정받는 일을 하고 싶었다. 그래서 부서를 옮길 방법을 고민했고 그러다 보니 주어진 업무에는 소홀해졌다. 저녁에는 회사의 학교 동문 선배나 학군장교 선배들과 만나면서 친분을 유지했다. 총무를 자처하면서 모임에 참석했고 선배들에게 칭찬과 인정을 받았다. 그 시간 동안 주어진 업무에 열중하고 집중할 수 있었겠는가? 아니었다. 그저 주어진 일을 겨우 하기에 바빴다. 그래놓고 조금만 어렵고 힘들면 불평했다. '나는 왜 이렇게 회사 일이 꼬일까'라며 하소연을 했다. 그렇게 지내다가 결국 다른 부서 선배의 도움으로 나는 부서를 옮길 수 있게 됐다. 대기업에서 2년 차 사원이 나름의 로비로 부서를 옮기는 데 성공한 것이다. 나름 스스로 대단하다고까지 생각했었다. 그러나 어느덧 나는 불평하는 근무 태도에 빠져 있었다. 옮긴 부서에서 일하는 건 오히려 더 어렵고 힘들었다. 힘들고 어려울수록 더욱 배우려고 노력하고 집중해야 하는데, 불평과 불만만 쏟아낼 뿐이었다. 이미 그런 태도가 익숙해져 있었기 때문이다.

그 시간들이 내가 인생에서 가장 후회하는 시간 중에 하나다. 나에게 주어진 당장 어떻게 할 수 없는 시간이라면 그 시간을 어떠한 태도로 보내느냐는 큰 결과의 차이를 가져온다. 그때 내가 아무리 불만이 있는 상황이었어도 그 가운데 배울 것을 배우고 긍정적인 태도와 자세로 최선을 다했다면 어땠을까? 다른 일을 할 때도 같은 태도로 임할 수 있었을 것이고 그랬다면 다른 더 좋은 결과를 얻었을 수도 있다.

연예인을 꿈꾸는 두 여고생의 모습을 다룬 TV 프로그램을 본 적이 있다. 두 여고생 중 한 명은 가수가 되기 위한 것 외에는 전혀 관심이 없는 친구였다. 그 학생은 언제나 가수가 되어서 공연을 하고 노래를 부르는 상상만 했다. 그런 그에게 학교생활은 모두 무의미한 것이었다. 공부는 엄마가 시켜서 억지로 하는 것에 지나지 않았다. 학교에 있는 시간도 학원에 가는 시간도 모두 지루하지만 어쩔 수 없이 견뎌야 하는 것이었다. 그래서였을까, 그 학생은 모든 말과 행동이 불평과 불만이었다. 무엇을 하든 짜증과 신경질적인 반응을 보였다. 하루하루가 고통이고 불행이라고 느끼고 있는 듯했다. 반면 다른 학생은 나중에 세계적인 가수가 되기 위해서 지금 학교에서 영어와 중국어를 공부한다고 했다. 또한 체력을 다지기 위해서 따로 운동을 배우고 있었고, 친구들과 함께 직접 오디션도 보러 다니고 있었다. 학교생활을 가수를 준비하는 시간으로 여기면서 충실하고 행복하게 지내고 있었다. 두 학생의 모습을 보면서 나도 참 많은 생각을 하게 되었다.

국가대표 출신인 서장훈 선수가 방송에서 이런 말을 했다. "농구를 좋아하는 친구들 중에는 아침부터 저녁까지 농구만 생각하고 농구만 하는 친구들도 있지만 하루 종일 농구만 한다고 훌륭한 선수가 될 수는 없다. 학생 때 배우는 것, 경험하는 것들이 나중에 선수로 활약할 때 반드시 필요한 것이다. 전략과 전술을 이해하고 활용하려면 공부와 학습도 매우 중요하다" 나는 이 말에 크게 공감했다. 노래 연습만 하면 훌륭한 가수가 될 수 있을까? 지금 실력을 인정받은 가수나 작곡가들은 말한다. 우리나라 공교육에 문제점도 많지만 그 과정에서도 많은 것을 배우고 익힐 수 있다고 말이다. 책을 읽고, 영화를 보고, 여행을 하는 모든 과정들이 작사작곡을 하고 노래를 부르며 감정을 표현하는 데 도움이 된다는 것이다. 결국 우리에게 주어지는 모든 시간들을 어떠한 태도로 받아들이고 행동하느냐는 참으로 중요한 것이다.

지금 주어진 시간에 긍정적이고 적극적인 태도를 가진 학생은 자신의 꿈에 도달하기 위해서 끈기 있게 노력을 지속할 수밖에 없다. 모든 것이 나의 꿈에 연관시키는 능력이 있는 사람은 끈기 있는 사람이 될 수밖에 없는 것이다.

당신은 지금 가정에서, 일터에서, 그 외의 다양한 자리에서 어떠한 태도를 가지고 있는가? 주어진 환경 속에서 불만과 불평으로 시간을 보낼 것인가? 아니면 주어진 시간과 환경 속에서 의미 있는 시간을 만들어 갈 것인가? 그 결정은 오직 나만 할 수 있다. 누구도 대신해 줄 수 없다.

자신의 태도가 자신의 삶을 결정하게 될 것이다.

꾸준히 실천하면 꿈이 생긴다

> 단 한 번의 노력으로 자기의 바람을 성취할 수 없다.
> 또한 단 한 번의 실패로 그 소망을 모두 포기할 수도 없는 것이다.
> 당신이 풀 수 없다고 절대로 이를 자르지 마라.
> ― 유버트

최근에 출판되는 책들을 보면 꿈을 주제로 다루는 책들이 많다. 많은 강연과 방송에서도 꿈은 단골주제로 빠지지 않는다. 그래서일까, 사람들은 꿈이 중요하다는 사실을 익히 알고 있다. 부모들은 자녀들에게 꿈이 무엇이냐고 항상 묻는다. 그리고 꿈이 없다고 하면 한심하게 생각하거나 심지어는 구박을 하기도 한다. 하지만 이건 아이들만 해당되는 것이 아니다. 20대나 30대 청년들에게 꿈이 무엇이냐고 질문했을 때 가슴 떨리고 설레는 꿈을 구체적으로 이야기하는 사람은 매우 드물다. 그리고 50대 이상인 분들께 꿈을 물어보면 이 나이에 무슨 꿈이냐고, 이제 꿈을 갖기에는 너무 늦었다고, 꿈에 대해서 이미 포기했다는 식의 답변을 한다. 어떠한가? 정말 그렇지 않은가? 나도 20대에 가지고 있던 꿈은 막연히 돈을 많이 벌거나 회사에서 승진하는 것 정도였다. 10억 모으기, 내 집 마련, 세계여행 등 다양한 꿈이 있을 것이다. 다들 소중하고 중요한 꿈이다. 하지만 그들 대부분은 정작 꿈에 대해서 자신 있게 말하지 못하는 경우가 많다.

왜 우리는 꿈을 쉽게 말하기 어려울까? 왜 꼭 꿈이 직업이어야 한다고 생각하는 걸까? 꿈이 중요하다는 걸 알면서도 항상 어렵게만 느껴지는 이유는 무엇일까?

꿈이라고 하면 다수의 사람들은 직업을 떠올린다. '직업=꿈'이라는 공식이 머릿속에 박혀있는 것이다. 물론 꿈을 이루어가는 과정에서 직업을 갖게 된다. 하지만 '직업=꿈'은 틀린 공식이다. 꿈은 동일하지만 직업은 다양할 수 있기 때문이다. 이런 공식이 생긴 이유는 어릴 적부터 부모나 학교, 사회를 통해서 배운 좋은 직업에 대한 편견 때문일 것이다. 학생들조차 좋은 직업과 나쁜 직업을 뚜렷이 구분한다. 꿈이 의사나 변호사로 정한 학생들은 엄마가 그 직업을 택하면 돈도 잘 벌고 인정받는다고 했기 때문에 그 일을 하고 싶다고 말한다. 각종 TV 프로그램에서 가수가 많이 나오다 보니 화려하고 멋있는 가수나 연예인을 꿈꾸는 학생들도 늘었다. 이렇게 좋은 직업으로 인정받는 건 한정되어 있다. 하지만 직업과 꿈은 다르다. 예를 들어 꿈이 아픈 사람들을 치료해주는 사람이라면 반드시 의사라는 직업을 가져야 하는 건 아니다. 간호사, 약사 등의 다른 직업도 있겠지만, 더 넓게 생각해보면 아픈 사람들을 위해서 돈을 모금하는 사람, 아픈 사람들을 간호하고 말벗이 되어주는 사람이 되는 것도 꿈을 이루는 방법이 될 수 있다. 또한 마음의 병을 치료하기 위한 상담자나 목회자도 모습은 다르지만 누군가의 병을 치료해 줄 수 있는 사람이다. 하지만 사람들은 의사가 되어야만 꿈이 이루어진다고 믿는다.

앞 장에서도 언급했던 김용성이라는 학생도 꿈을 물어보면 주저했던 학생이다. 군사 관련 지식이 누구보다 풍부했던 그 학생은 공부를 못하기 때문에 4년제 대학이나 재료공학과에 가겠다는 꿈조차 꿀 수 없다고 생각했다. 나는 꿈을 이루기 위해 꼭 유명한 대학을 나와야 하는 건 아니라고 말해주었다. 그러다 군사 관련 화포정비 관련 학과가 있다는 사실을 알려 주게 됐다. 그러자 그 학생은 졸업 후 부사관으로 입대하여 군사무기 전문가가 되겠다는 꿈을 갖게 되었다. 그제야 꿈에 대한 설렘과 행복을 느끼게 된 것이다. 그렇게 열심히 준비한 그 학생은 결국 화포정비학과에 합격했고, 올 3월에 입학했다.

꿈을 어렵고 막연하게 생각하는 또 다른 이유는 많은 성장 경험을 갖지 못했기 때문이다. 성장 경험을 가지려면 다양한 활동경험이 있어야 한다. 그리고 그 활동을 끈기있게 지속함으로써 얻게 되는 성장의 경험이 있어야 꿈을 어렵게 느끼지 않을 수 있다.

예컨대 나는 20대 후반에 아프리카 선교사님을 뵙고 난 후 아이들을 가르치는 기독교 대안학교를 만들고 싶다는 꿈을 갖게 되었다. 그래서 퇴사 후 다시 아프리카 선교를 떠났고, 그 이후에도 선교와 교육에 대한 꿈을 가지고 살았다. 하지만 나는 그쪽 분야에 대해서 아는 것이 없었다. 관련 인맥도 없고 경험도 없었다. 그러다 보니 막연한 먼 나라의 꿈처럼 느껴졌다.

그러나 그냥 막연한 꿈으로 남기고 싶지 않았다. 그래서 주일학교 교사를 맡고 과외를 시작해서 학생들을 만나기 시작했다. 아이들을 한 명씩 만나면서 많은 걸 배우고 느낄 수 있었다. 그러던 중

또 기회가 생겨서 한 전문대학교에 특강으로 강의를 하게 되었다. 나도 학생들에게 꿈과 희망을 줄 수 있는 사람이 될 수도 있겠다는 희망을 얻게 된 것이다. 아직 나에게는 별다른 능력이나 갖추어진 재능이 없다. 하지만 조금씩 학생들을 알아가고 학생을 가르쳐보며 희망을 품는 중이다. 그리고 이제는 내가 느낀 것들을 책을 통해서도 알려주고자 하는 꿈과 더 많은 학생들을 만나서 함께 이야기를 나누고 꿈을 주고 싶다는 꿈까지 생겼다. 아직 아무것도 이루어진 것은 없다. 하지만 이상하게도 왠지 이루어질 것 같은 설렘이 있다. 하나씩 하나씩 이루어지고 있기 때문이다. 작은 성취가 이루어지면 또 다른 희망이 생긴다. 그런 과정이 반복되면서 나에게 맞는 나에게 어울리는 꿈이 생기게 되는 것이다.

끈기는 우리에게 새로운 꿈을 꿀 수 있도록 길을 빛을 비춰준다. 답답함을 하소연할 곳을 찾다가 쓰게 된 일기가 쌓여서 작가가 됐다. 몸이 너무 약해서 달리기를 시작했는데 어느덧 마라톤과 철인3종경기를 뛰는 사람이 되기도 한다. 어르신들께 밥을 나눠 드리던 게 나중에는 수많은 어르신과 사람들에게 식사를 제공하는 봉사활동이 되기도 한다. 모두 끈기를 가지고 차근차근 지속했기 때문에 일어난 일이다. 느리더라도 괜찮다. 느리지만 강력한 힘을 가진 끈기를 갖는다면 작은 꿈과 더 멀리 내다보는 꿈이 생길 것이다.

나를 비롯해서 내가 만났던 학생들처럼 스스로를 제한하거나 틀에 가두지 말자. 하나씩 차근차근 만들다 보면 그 이상의 꿈과 희망이 생길 것이다. 나도 이제는 많은 꿈을 가지고 살아간다. 새로운 고객들을 만날 시간들이 기대된다. 나의 책을 통하여 한 명이라도 희망을 가지게 되는 삶을 살겠다는 희망이 생겼다. 나의 삶을 통해서 한 명에라도 희망을 주겠다는 꿈이 생겼다. 내 가족들과 함께 어렵고 지친 아이들을 위해서 사랑을 베풀어주겠다는 꿈이 생겼다.

이 모든 것들이 아주 작은 실천을 꾸준히 하면서 갖게 된 꿈들이다. 작은 성공과 성취는 우리에게 꿈을 준다.

제5장

끈기를 키우는 방법

나를 발견하라

실패의 방법은 오직 하나, 그만두는 것이다.
— 브라이언 트레이시

새해가 되면 많은 사람들은 새해 목표를 세우고 다짐을 한다. 좋은 대학, 좋은 회사, 승진과 성공, 더 많은 돈을 목표로 세우고 다짐을 한다. 그러기 위해서 많은 책을 보고 강연을 들으면서 노력한다. 그러나 다수의 경우 스스로 세운 목표를 지속하지 못하고 포기해 버린다.

한 연구기관에서 실시한 연구결과에 의하면 새해 목표를 실제로 달성한 사람은 10%도 되지 않는다고 한다. 25%는 1주일 이내에 포기했고, 30%는 2주일 안에 포기했다고 한다. 이렇듯 우리는 세운 목표를 끝까지 지속하지 못하고 있는 것이다.

도대체 왜 이렇게 실패하고 포기하는 것일까? 자신에게 맞는 전략과 방법을 사용하기보다는 성공했던 사람의 방법이나 전략, 정답이라고 생각되는 방법이나 전략을 무조건 따르기 때문이다. 또한 실패 원인도 정확히 파악하지 못한다. 그래서 포기하지 않고 성공하려면 나에 대한 이해와 앎을 바탕으로 해야 한다. 나라는 존재에 대해서 파악해야 한다는 것이다.

우리는 다른 사람의 성향이나 스타일을 파악하는 것에 의외로 많은 시간과 노력을 들인다. 사업이나 영업을 하는 사람은 고객의 성향을 파악하려고 노력한다. 직장생활을 하는 사람들은 직장상사나 주변 동료들의 성향을 파악하려고 노력한다. 강사들은 수강생들을 파악하려고 노력하고, 부모는 자녀를, 자녀는 부모를 파악하려고 노력한다. 하지만 정작 나 스스로를 파악하려는 노력은 하지 않는다.

나를 알아야만 효과적인 나만의 전략과 방법을 찾고 실행할 수 있다. 그렇지 않으면 결국 다른 사람이 만들어놓은 정답을 내가 사용하는 것이다. 다른 사람에게 맞는 옷이 나에게는 맞지 않을 수 있다. 성공한 사람의 방법과 전략이 나에게는 적용이 어려울 수 있다.

똑같이 사업에 성공했더라도 각자의 스타일은 다르다. 똑같이 투자에 성공했더라도 그 방법은 다르다. 똑같이 유명한 스포츠 선수라도 자신만의 방법을 가지고 있을 것이다. 전략이 다르고 방법이 다르다는 말이다.

사람마다 성향과 장단점은 다 다르다. 그렇기에 동일한 방법과 전략, 정답을 적용할 수가 없다. 목표는 같더라도 가는 길과 방법, 수단은 얼마든지 다를 수 있음을 기억해야 한다.

그 방법을 알기 위해서는 내가 누구인지 먼저 아는 것이 반드시 필요하다. 내가 어떤 사람인지를 알아야 한다. 나의 장점과 단점, 좋아하는 것과 싫어하는 것, 성향과 성격까지도 알아야 한다. 사실이 정도의 이야기는 너무나 많이 듣는 말이다. 나도 그랬다. 주변 사람들과 "네가 좋아하는 일을 해라", "네가 사랑하고 가치 있는 일을 해라"는 말을 많이 주고받는다. 그렇지만 이 말에 정말 공감하는 사람은 그리 많지 않을 듯하다. 나도 아직 나를 발견하고 알아가는 중이다. 쉬운 일은 아니라고 생각한다. 하지만 나를 알면 알수록 답을 찾는 것은 의외로 쉬워질 수도 있다.

그렇다면 나를 찾아가는 방법에는 무엇이 있을까? 일단 내가 가장 먼저 추천하고 싶은 것은 글쓰기이다. 글쓰기라면 거창하다고 느낄 수 있지만 작가들이 하는 그런 글쓰기를 말하는 것이 아니다. 물론 나중엔 더 전문적으로 글을 쓰는 것도 도움이 되겠지만, 일단 처음에는 일기와 같은 틀이 없는 글쓰기를 권한다. 우리가 어릴 적 학교 선생님께 제출하던 검사받는 일기가 아닌 오직 나만이 볼 수 있는 일기, 나의 모든 감정과 생각을 적을 수 있는 일기라야 한다.

나도 자존감이 낮아지고 답답할 때나 무엇을 해도 자신이 없을 때는 기도하는 마음으로 일기를 썼다. 누가 시켜서 한 것이 아니기 때문에 특별한 양식이나 정해진 분량도 없었다. 쓰다 보면 스스로 초라해지거나 눈물이 나기도 했다. 내가 나를 보는 게 참 싫고 부끄럽고 창피했다. 무엇하나 꾸준하고 특별하게 잘하는 게 없는 나의 모습이 참 한심했다. 내가 이렇게 바보였나 싶은 생각은 나를 더욱 나락으로 빠트렸다. 그러면서 나는 왜 비슷한 실패와 좌절을 반복할까를 더듬어 살폈다. 그러면서 조금씩 과거 나의 모습들이 떠올랐다. 영화를 보듯 시간의 흐름대로 나의 과거가 보였다. 어떤 순간이 기뻤고 어떤 순간이 슬펐는지를 떠올렸다. 초등학교부터 중학교, 고등학교, 대학교를 거쳐 군 생활 이후 직장생활을 하다 중간에 퇴사 후 직업을 바꾸기까지 수많은 순간들이 있었다. 그렇게 돌아보니 나는 내성적이며 낯을 많이 가리고, 강한 리더십 보다는 조력자 성향이 강한 사람이었다. 다른 사람의 인정도 중요하지만 나 스스로의 인정과 칭찬에 목말랐던 사람이기도 했다. 그렇게 모르고 있던 나를 조금씩 알아갔다. 그제야 조금씩 나 자신을 인정하고 격려하고 칭찬해 줄 수 있게 되었다.

또, 독서를 통해서 많은 사람들의 삶의 이야기를 접하면서 나의 모습과 비교하고 배울 수 있었다. 꼭 성공한 사람의 이야기가 아니어도 상관없다. 오히려 좌충우돌하며 실패했던 이야기에서 더 많이 배웠다. 하지만 독서만으로는 나를 온전히 파악하는 데 한계가 있다. 단순히 읽고 느끼는 것에서 끝내는 것이 아니라 직접 몸으로 체험하고 경험해야 나를 진정 알게 된다. 내가 봉사활동을 할 때 정말 행복감을 느끼는지, 다른 사람들 앞에서 공연이나 활동을 할 때 행복감을 느끼는지를 알려면 머리가 아닌 몸으로 직접 뛰어들어야만 알 수 있다. 그래서 반드시 독서에는 실천이 뒤따라야만 한다고 생각한다.

열린 귀를 가지고 다른 사람들의 의견이나 목소리에 귀를 기울이는 것도 중요하다. 물론 나에 대해서는 다른 누구보다 나 스스로가 가장 잘 안다고 생각하지만 의외로 가까운 사람이나 나를 자세히 보고 있던 사람이 나를 더 잘 알고 있는 경우도 있다. 편견 없이 바라볼 때 더 정확하게 알 수 있기 때문일 것이다. 심리상담사나 정신과 전문의가 내가 모르던 내 모습을 알려줄 수 있는 이유도 편견 없이 객관적으로 나를 바라보고 판단할 수 있기 때문일 것이다. 나도 결혼전 아내와 함께 심리 상담 전문가에게 1년 넘는 시간 동안 상담을 받았다. 그러면서 나와 아내에 대해서 많은 것을 배웠고 결혼을 준비했다. 그 시간에 배우고 느낀 것이 결혼 이후에 많은 도움을 줬다. 그렇기에 때론 다른 사람의 의견과 목소리에 귀를 기울이는 것이 나를 알아가는 데 도움이 될 수 있다.

하지만 꼭 이야기하고 싶은 것은 세상에는 정답이 없다는 사실이다. 그 사실을 기억하자. 우리는 어려서부터 답을 찾는 것만 훈련받았다. 하지만 세상을 사는 데 정해진 답은 없다. 누구도 절대적인 답을 이야기할 수 없다. 신앙적인 측면을 제외하고는 사람이 세상의 진리와 명쾌한 정답을 제시할 수는 없다. 아무리 성공한 사람이라도, 공부를 많이 한 사람이라도 말이다. 결국 정답은 나에게서 찾을 수 있다. 나를 알고 나에게 맞는 방법으로 나에게 어울리는 옷을 입어야 한다. 그렇지 않았을 때 포기하게 되는 것이다. 생각해 보라. 나에게 맞지 않는 옷과 신발을 신고 운동을 한다면 오래 즐겁게 행복하게 할 수 있겠는가? 나에게 맞지 않는 의자에 앉아서는 오랫동안 공부할 수 없다. 너무 불편하고 힘든 것이다. 무조건 의지의 문제, 열정의 문제는 아니다. 다른 사람이 정해놓은 답이 아닌 나에게 맞는 답을 찾을 때 '끈기'의 해법을 발견하게 될 것이다. '지피지기 백전백승'이라는 말처럼 나를 알아야 어떠한 상황 속에서도 위태롭지 않게 전진할 힘을 얻을 수 있다.

내가 나를 칭찬하라

할 수 있다는 믿음을 가지면 처음에는 그런 능력이 없을지라도
결국에는 할 수 있는 능력을 확실히 갖게 된다.
— 간디

　한 해가 마무리될 때면 각 방송사에서는 시상식을 한다. 연기대상, 코미디대상, 가요대상 등이 열린다. 한 해 동안 시청자들에게 가장 사랑받았던 프로그램이나 제작자, 연예인들이 수상을 하게 된다. 상을 받는 사람들은 대부분 큰 기쁨과 행복을 다양한 수상소감으로 표현한다. 때론 울기도 하고 기쁨의 환한 미소와 웃음을 보이기도 한다. 그만큼 상이라는 건 행복을 준다.

　그래서일까, 우리는 초등학교에 들어가기 전부터 상이라는 걸 받는다. 유치원에서부터 상을 받기 시작해서 초등학교 이후로는 각종 성적과 관련한 상부터 체육, 음악, 미술, 글짓기 등 다양한 상을 받는다. 그 상을 받기 위해서 추가로 사교육을 받거나 엄청난 준비를 하기도 한다. 이렇게 사람들은 상을 받는 것을 중요하게 생각하고 상을 받으면 기뻐하고 행복해한다.

　나는 어릴 적에 그다지 상을 많이 받는 아이가 아니었다. 초등학교까지는 자주 아파서 그나마 받기 쉬운 개근상도 받질 못했다. 공

부도 잘하지 못했고, 예체능 쪽에 뛰어나지도 않았다. 그런데 중학교 이후부터 상을 받기 시작했다. 성적과 관련한 상부터 시작해서 개근상까지 초등학교에 비하면 비약의 발전을 이룬 것이었다. 상을 받기 전에는 '상이 뭐 대수인가'라고 생각했지만 막상 상을 받으면 알 수 없는 기쁨과 행복을 경험했다. 그래서일까, 또 상을 받을 수 있다고 하면 더욱 열심히 하려는 의지가 생기기도 했다.

그렇다. 상이 존재하는 이유는 여러 가지가 있지만 가장 큰 이유는 동기부여다. 상의 크기는 중요하지 않다. 초등학교 때 반에서 받은 '그림 그리기 상'과 국가가 주관하여 전국의 학생들을 대상으로 주는 '그림 그리기 상'은 서로 규모와 인정하는 수준이 다르다. 대한민국 경기도 지역 대회에서 우승해서 받은 상과, 세계 올림픽 대회에서 우승해서 받은 상도 당연히 동일한 상의 수준은 아니다. 하지만 상의 규모와 수준, 인정 정도의 차이는 그다음 문제다. 일단 상을 받는다는 사실만으로도 기쁨과 행복을 줄 수 있다는 말이다.

아마도 이런 동기부여의 기능 때문에 상이라는 제도를 곳곳에서 활용하고 있다고 본다. 잘한 사람은 칭찬하고 조금 더 잘할 수 있는 사람에게 더 잘하라는 응원을 해주는 역할이다. 그래서일까, 훌륭한 지도자는 상과 벌을 시기적절하게 활용하는 사람이라고 한다. 훌륭한 부모도 마찬가지이다. 훌륭한 사업가, 교사, 상사도 상과 벌을 시기적절하게 활용해야 한다고 한다. 그만큼 상은 잘 활용하면 사람에게 동기를 부여하는 수단이 된다.

그런데 여기서 한가지 짚고 넘어갈 것이 있다. 보통 상이라고 하면 대부분 타인이 다른 사람에게 수여하는 것을 떠올린다는 점이다. 학교에서 학생에게, 부모가 자녀에게, 국가가 국민에게 수여하는 것으로만 상을 떠올리는 경우가 많다. '상을 수여한다'는 말이 보편적인 것도 아마도 그래서일 것이다.

하지만 때론 외부에서 주어지는 상으로는 동기부여가 되지 않는 순간도 있다는 사실을 기억했으면 좋겠다. 타인이 주는 상이나 칭찬이 기쁨이나 행복으로 느껴지지 않는 순간도 있다는 것이다. 이런 상황은 자존감이 낮아지는 순간에 나타난다. 자존감은 자기 자신에 대한 자아존중감이다. 타인에게 비치는 모습이 아닌 나 스스로를 바라보고 느끼는 감정이다. 상대적인 개념이 아닌 절대적인 개념이다. 그런데 자존감이 낮아진 경우에는 타인의 상과 칭찬에도 행복감을 느끼지 못하게 된다. 또한 자기에 대한 신뢰와 만족이 없는 상황이 이어지게 된다. 이런 경우 목표를 위한 끈기는 생길 수 없고, 그러면 당연히 어떠한 결과나 성과를 얻기 힘들어진다. 점점 자신을 소외되고 초라한 모습으로 느낄 수밖에 없다.

그런 경우 해결 방법은 결국 내가 나를 인정하고 신뢰하고 칭찬해야 한다. 그래서 나는 나 스스로를 칭찬하고 상을 주어야 한다고 믿는다. 내가 나를 칭찬해야 하는 것이다. 의외로 나 스스로에 대한 칭찬과 인정이 익숙지 않은 사람들이 많다. 나도 그랬다. 나는 나 스스로를 칭찬하거나 격려하지 않았다. 항상 부족한 내 모습에만 집중했다. '나는 이것도 못하고 나는 저것도 못해'라고 생각했다. 심지어 다른 사람들이 칭찬을 해줘도 스스로 '에이! 나를 잘 모르는구나! 나는 그리 잘하지 않아!'라고 생각했다. 다른 사람들이 격려를 해줘도 '뭐! 이 정도는 당연히 해야지. 이것도 못하면 되나'라며 잘한 일도 대수롭지 않게 여기려고 했다. 칭찬보다는 항상 부족함을 느껴야 발전할 수 있다고 믿었던 것 같다. 작은 것에 만족해버리면 사람은 더 이상 성장하지 않고 도태한다고 생각했던 것 같다. 그래서인지 칭찬이라는 것에 대해 너무나도 무관심했다. 칭찬을 어색해했다. 칭찬에 대한 의미를 생각하지 않았다.

그래서 나도 다른 사람에게 하는 칭찬이 그리 익숙하지 않았고, 설사 칭찬을 해도 그 칭찬의 의미와 효과를 제대로 알지 못했던 것 같다. 심지어 생일에 축하를 받는 것조차도 어색해서 제대로 누리지 못했다. 지금 생각해보면 참으로 안타깝고 아쉽다. 하지만 그때는 그랬다.

일기를 쓰면서 나를 돌아보았고, 결혼하면서 아내와 많은 이야기를 나누고 귀담아들었다. 그러면서 하나씩 나의 존재에 대해 깨닫고 배워나갔다.

나는 칭찬의 힘을 몰랐다. 특히 나 스스로에 대한 칭찬의 힘에 대해 무지했다. 하지만 나를 진정으로 격려하고 인정하고 칭찬할 수 있는 사람은 오직 나뿐이었다. 다른 사람들이 하는 칭찬에도 진심이 담겨있지만, 내가 나를 생각하고 사랑하는 만큼 그 마음이 크지는 않을 것이기 때문이다. 또, 내가 나를 사랑하고 칭찬하고 인정하지 않으면서 어찌 다른 사람을 칭찬할 수 있겠는가? 불가능한 일이었다.

기억하자. 내가 나를 먼저 칭찬하고 사랑해 주어야 한다. 아주 작은 목표를 세웠다면 그것을 하나씩 실천할 때마다 나를 위해 적극적으로 칭찬하고 격려해주자. 누가 봐도 너무나 쉬운 목표일지라도 상관없다. 예를 들어서 매일 아침에 일어나서 출근하기 전에 배우자 또는 자녀에게 사랑한다고 쪽지를 쓰겠다는 목표를 세웠다고 가정해보자. 쪽지를 쓰는데 걸리는 시간은 1분도 채 되지 않는다. 그렇다고 절대 무시해서는 안 된다. 그래도 그것을 매일 실천해 나간다면 나를 향해 아낌없이 칭찬해 주자.

나도 매일 아내와 함께 주고받던 작은 쪽지들이 모여서 어느덧 책 한 권을 이룰 정도가 됐다. 우리는 그걸 모두 모았고 차후엔 자녀들에게 보여줄 책으로 만드는 꿈을 가지고 있다. 아무리 작고 사소해 보이는 행동도 모이고 쌓이면 분명히 가치있고 의미있는 결과를 가지고 온다.

'이런 건 누구나 쉽게 하는 거지, 뭐'라고 넘어가지 말고 '용기야! 너 정말 괜찮은 남편이고 아빠네', '너의 작은 행동이 정말 멋지다'라고 스스로를 칭찬하고 인정하고 사랑해 주자. 아무리 작은 계획이고 목표라도 상관없다. 오히려 처음에는 아주 작은 목표와 계획을 실천하면서 칭찬하는 연습을 하는 게 좋다. 이런 칭찬이 목표를 향해서 나아가는 데 큰 힘이 되어줄 것이다. 끈기를 키우고 단단하게 만드는 데 도움을 줄 것이다. 아주 작은 목표와 계획에 성공하고 칭찬한다면, 그다음에 도전하는 것들도 달성하게 될 것이다.

사람이 포기하고 좌절하는 건 잘하고 못하고의 문제가 아니다. 지속할 수 있는 동기부여가 되지 않았을 때 포기하게 된다. 그런데 내가 나를 누구보다 진심으로 칭찬하고 격려하고 인정하면 그 힘이 어떤 동기부여보다 강력한 힘을 지닌다. 그리고 내가 나를 칭찬하고 격려해야 타인의 칭찬과 격려도 진심으로 받아들이고 제대로 누릴 수 있다. 그래야만 또 내가 다른 사람들을 진심으로 칭찬하고 격려할 수 있다. 이런 선순환 속에서 포기하지 않고 앞으로 나아갈 수 있는 것이다.

자, 오늘부터 남이 아닌 내가 나를 격하게 칭찬하고 응원하자. 내가 나를 사랑하고 인정하지 않는데 누가 나를 인정할 수 있겠는가? 그리고 나를 진심으로 인정하고 칭찬할 사람은 나밖에 없다. 쑥스럽고 어색한가? 하지만 나를 인정하고 칭찬하는 사람이 건강한 사람이다. 그런 사람만이 단단한 자존감으로 끈기를 가지고 살아갈 수 있다. 내가 나를 칭찬해야 한다는 것을 꼭 기억하자.

구체적인 목표와 시스템

내가 인생에서 꼭 한번 해보고 싶은 것 중 하나가 연극 또는 뮤지컬이다. 공연을 통해서 많은 사람들에게 웃음과 감동을 주고 박수와 환호를 받는 모습이 너무나 매력적으로 느껴지기 때문이다.

그런데 공연을 준비하는 배우들의 모습을 보면 언제나 화려하고 멋있기만 한 게 아니다. 그 준비과정이 매우 힘들고 고통스럽기까지 하다는 걸 알게 된다. 배우들은 아주 작은 행동과 제스처까지도 꼼꼼하게 체크하고 준비한다. 이건 드라마나 영화에서도 마찬가지이다. 단순하게 대사만을 외워서 연기하지 않는다. 모든 배우들의 동작과 행동, 표정 등 모든 움직임에 대한 것들이 대본과 제작자에 의해 미리 꼼꼼하게 준비되어 있다. 어디서 촬영을 할 것인지, 어떤 의상을 입을 것인지, 어떤 동작과 표정으로 연기할지 등이 모두 예정되어 있다는 것이다.

이것은 단순히 연극이나 뮤지컬, 영화 등의 예술작품에만 국한되는 상황은 아니다. 대한민국 남자라면 모두 경험하게 되는 군대에서도 마찬가지다. 군에서는 모든 사람에게 명확한 임무와 직책이 주어진다. 임무와 직책이 없는 경우는 없다. 병사들 한명 한명이 가지고 있는 개인별 임무가 있다. 그런데 그 임무가 단순한 게 아니다. 나 같은 경우도 소대장으로서 해야 할 일들이 시간별, 장소별, 업무별로 정해져 있었다. 병사들도 각 상황에 따라 구체적이고 세부적으로 정해진 업무가 있었다. 하다못해 청소를 해도 개인별 청소장소와 방법이 정해져 있을 정도였다. 그만큼 임무에 대한 매뉴얼이 마치 유치원생을 위해 만들어놓은 안내서처럼 미리 준비되어 있었다. 왜 그럴까? 사람은 구체적이고 세부적으로 사소해 보이는 방법까지도 정해놓아야 실수를 하거나 당황하지 않기 때문이다. 전쟁 도발 시 모두 개인의 임무별로 체계적으로 움직이려면 이런 세부적인 전략과 전술이 필요했을 것이다. 이것들을 반복 훈련하여 숙달하지 않으면 전투 시 제대로 된 전투를 수행할 수 없는 것이다.

이처럼 우리가 목표를 이루기 위해 실천을 할 때는 세부적인 전략과 방법을 준비해야 한다. 그리고 나아가 시스템적으로 실천할 수 있도록 만들어야 한다. 이때 중요한 것은 목표로 하는 기한을 반드시 정해야 한다는 것이다. 세부적인 전략과 시스템이 없는 목표는 망상에 불과하기 때문이다. 그런 목표는 '그냥 나는 부자가 되고 싶어!' 정도의 희망 사항일 뿐이다. '나는 커서 대통령이 될 거야' 처럼 아무런 고민과 준비 없는 아이의 말과 같다. 달성 가능성이 매우 낮은 목표가 되는 것이다. 새해 목표를 단순히 '다이어트'라고만 적는 사람은 실패할 가능성이 거의 100%다. '헬스장에 주 3회 가기', '아침은 닭가슴살 먹고, 저녁은 식사 반으로 줄이기' 등의 계획이 끝이라면 목표를 달성할 수 없다.

그렇다면 어떤 방법으로 목표를 세우면 좋을지 생각해보자. '나는 6개월 후 10kg 감량을 할 것이다. 그러기 위해서 운동과 식이요법을 동시에 실천한다. 운동은 월, 수, 토 주 3회를 간다. 저녁 9시에 반드시 피트니스 센터에서 운동을 하고, 운동 시 '스트레칭-달리기-자전거-상체-복부-하체' 순으로 1시간을 운동한다. 스트레칭은 정해진 방법을 매번 동일하게 5분 실시한다. 하체는 스쿼트를 50회 실시한다' 이 정도로 최대한 구체적으로 계획을 세워야 한다. 물론 이 계획은 중간에 충분히 변경될 수 있다. 하지만 이때 핵심은 시스템처럼 방법을 정하고 그대로 따라 하는 것이다. '○○하면 ○○한다'는 식으로 시스템을 만드는 것이다. '스트레칭하면 달리기를 20분 한다', 'TV를 시청하면 자전거 운동을 한다', '퇴근할 때는 계단을 이용한다' 등으로 생활 패턴에 따라 자동으로 할 수 있는 시스템을 만드는 것이다.

이렇게 만들면 고민을 할 필요가 없다. 하루 동안 반드시 하게 되는 행동에 연결을 시키면 당연히 달성 확률은 높아지는 것이다. 매일 퇴근할 때마다 계단을 이용하게 되고, TV를 켜면 자동으로 자전거를 타게 되는 습관이 생기기 때문이다. 이때 주변 환경을 그 시스템에 도움이 되도록 바꿀 수 있다면 더욱 좋다. 또한 이런 시스템을 자연스럽게 상기할 수 있도록 노력하는 것도 많은 도움이 된다. 예를 들면 다이어트 목표를 써 놓은 종이나, 다이어트로 닮고 싶은 사람의 모습을 곳곳에 붙여 놓는 방법이 있을 수 있다. 정해진 시간에 알람을 맞춰놓거나 운동 동호회에 등록하는 방법도 좋다. 가족과 함께 운동할 수 있는 계획을 정해놓는 방법도 있다. 목표를 자주 상기할 수 있도록 주변에 장치들을 만드는 것이다. 또, 동호회나 관련 모임에 등록을 하면 혼자 할 때보다 쉽게 목표를 지킬 수 있게 된다. 특히 가까이 있는 가족과 함께 운동을 하면 혼자 하는 것보다 포기하거나 미룰 가능성이 낮아지게 된다. 가족이나 타인이 연결되면 강제성이 생겨서 지속할 수 있는 힘이 생기게 되기 때문이다.

실제로 나도 이 방법을 사용했었다. 지금 이 글을 쓰고 있는 순간에도 적용하고 있다. 처음에 책을 출판하겠다는 목표를 세웠을 때 구체적인 전략과 방법이 필요하다는 생각이 들었다. 그래서 일단 책 출간을 코칭해 줄 분을 구했다. 코칭해 주시는 분은 매일 습관적으로 글을 쓰는 것과 일정 수준의 필력(글의 양)을 강조하셨다. 결국 매일 일정시간 이상을 투자해야만 가능한 부분이었다. 그래서 방과 거실 등 눈에 보이는 곳에 나의 목표와 다짐을 적고 수시로 확인했다. 그런 후 목표 기한을 정했고 남은 기간을 고려하여 하루에 작성해야 할 원고의 양을 산출했다. 그리고 매일 2시간을 글 쓰는 데 투자하기로 했고, 그걸 지키기 위해 거기에 맞춰서 모든 일정을 잡았다. 퇴근 후 컴퓨터를 켜면 다른 것을 하기 전에 무조건 글쓰기부터 했다. 글쓰기를 마무리해야만 다른 것을 하는 훈련을 했다. 그래야 내가 미루지 않을 것 같아서 나름의 원칙을 세운 것이다. 심지어는 아내의 생일에 여행을 갈 때도 노트북을 챙겨가서 그날의 목표량을 달성하기 위해서 노력했다. 물론 몸이 너무 아프거나 도저히 작성하기 어려운 날도 있었지만 목표 기한과 매일 달성할 목 표량이 분명했기에 미흡했던 날 이후에는 빠진 분량을 보충하기 위해서 더 노력했다. 매일 달성할 목표량과 목표 기한이 정확하게 있었기에 가능한 일이었다. 그렇지 않았다면 조그만 힘든 시간이 와도 내일로 미루고 결국 포기하고 말았을 것이다. 특히 오랜 시간 실천해야 하는 목표들은 하루의 차이가 크지 않다고 느끼기 쉽기 때문에 더욱 그렇다. 영어회화 정복, 세계여행 가기 등과 같이 달성하려면 오랜 시간이 걸리거나 매일 달성해야 할 목표량이 분명하지 않은 목표는 하루의 노력이나 실천을 가볍게 생각하기 쉽다는 말이다. 하루 영어공부 안 했다고 큰일이 나는 것은 아니라는 생각에 빠지게 된다. 어차피 몇 년을 공부해야 가능하다고 생각한다면 하루 빠지는 것은 별다른 영향이 없을 것이라고 믿는 것이다. 하지만 이것이 가장 위험하다. 물론 매일 정확하게 달성하지 못할 수는 있다. 하지만 세부적으로 명확하게 목표량과 기한을 정해놓는다면 미루고 포기한 날의 목표량까지도 그다음에 실천하게 될 것이다. '매일 출근길 지하철에서 1문장을 외워서 한 달 동안 30문장 외우기'라고 목표를 세우면 매일 출근길에 다른 것으로 시간을 보내지 않고 1문장을 외우게 될 것이다. 설사 못 외우게 되더라도 한 달이 되기 전에 빠진 문장을 외우려는 노력을 하게 될 것이다.

사람은 좋아하는 것을 하기 위해 목표를 세우진 않는다. 그럴 필요가 없기 때문이다. 대신 어렵거나 하기 싫은 것은 목표가 필요하다. 따라서 싫어하는 일이 수반되는 목표를 달성하다 보면 언제든 포기를 생각하는 시간이 찾아오게 마련이다. 자동으로 실천할 수 있는 방법은 그런 순간에 도움이 된다. 고민 없이 해야 할 일을 할 수 있게 도와주는 것이다. 연기를 하는 배우가 매순간 고민해서 연기를 하는 것이 아니라 정해진 동작과 대사는 저절로 나오도록 준비를 하는 것처럼 말이다.

그런데 이때 잊지 말아야 할 것이 있다. 자신을 파악하고 자신에게 맞는 계획을 준비해야 한다는 사실이다. 누군가 일방적으로 정해준 계획과 방법이 아닌 나의 상황과 성향에 맞는 나만의 방법으로 준비해야 한다. 그리고 중간 달성 기간을 배치해야 한다. 최종 목표가 있다면 중간목표 기한도 정해놓고, 그때마다 나를 칭찬해주고 나를 격려해주어야 한다. 그 칭찬과 격려가 목표를 향해 포기하지 않고 끊임없이 지속하는 끈기의 힘을 길러주고 튼튼하게 만들어 줄 것이다.

글로 적고, 상상하고, 외쳐라

성공이라는 못을 박으려면 끈질김이라는 망치가 필요하다.
— 존 메이슨

개그우먼 조혜련 씨가 쓴 『조혜련의 미래일기』라는 책을 읽은 적이 있다. 나는 조혜련이라는 사람을 개그우먼으로만 생각했었지만 이 책을 보면서 그녀가 기존에 보여 줬던 모습과 다른 모습을 보게 됐다. 정말 멋진 사람이었다. 삶에 대한 열정과 의지가 대단하고 엄청난 실천력이 있으며, 포기를 모르는 끈기를 가지고 있는 사람이었다. 그녀는 자신의 미래일기를 보여주면서 미래일기의 무서운 능력을 강조했다. 흔히 우리는 내년에는 뭘 하고 싶다거나 어떤 모습이면 좋겠다 정도의 희망을 말하는 정도로 끝내고 만다. 하지만 그녀는 책에서 '내가 진정 원하는 미래의 모습을 구체적인 기간을 정해서 이루어졌다고 생각하고 작성하라'고 말한다. 실제로 저자인 조혜련 씨는 이렇게 많은 것들을 이루었고 또한 이루어가는 중이었다.

학창시절에 시험공부를 준비할 때 열심히 필기를 하면서 반복하면서 외웠던 기억이 있을 것이다. 나도 암기과목뿐 아니라 모든 과목을 펜으로 적어가면서 외웠다. 물론 눈으로 읽거나 입으로 말하면서 외울 수는 있지만 나는 꼭 손으로 베껴가면서 외우고 반복했다. 그런데 실제로 이 방법이 과학적으로 근거가 있는 방법이라는 걸 알게 됐다. 실제로 많은 선생님들도 이 방법을 권하셨다. 왜냐하면 우리는 어떤 사물이나 내용을 기억할 때 최대한 다양한 자극이 필요하다. 영어단어를 외우거나 역사 암기내용을 외운다고 생각해 보자. 펜으로는 직접 글을 쓰면서 눈으로 읽고 입으로 말하고 그걸 다시 들으면서 외우면 다양한 자극을 뇌가 받아들이게 되어서 더욱 효과적으로 암기할 수 있는 것이다. 단순히 눈으로 읽거나 귀로 듣기만 하는 것보다는 훨씬 더 좋은 효과를 얻게 된다.

따라서 우리가 끈기를 갖기 위해서는 세 가지를 기억하면 좋겠다. 바로 '글로 적고, 상상하고, 외쳐라'다. 먼저 내가 정한 목표를 글로 적어야 한다. 생각만 한다면 이루어질 가능성은 매우 낮을 것이다.

성공한 사람들을 대상으로 조사해 보면 그들은 대부분 모두 자신이 정한 목표를 한시도 잊지 않고 명확하게 기억하고 흔들리지 않는다. 그리고 그 목표가 너무나 분명하고 구체적이다. 그렇기 때문에 단순히 생각에 머물지 않는다. 구체적으로 적는다. 반복해서 목표를 적음으로써 뇌와 마음속에 깊이 새겨 넣는다. 손으로 직접 적는다는 건 손과 눈이 동시에 기억을 한다. 그리고 활자를 통해서 더욱 분명하고 정확하게 기억할 수 있게 된다. 내가 손으로 글씨를 쓴다는 행위는 단순한 펜을 사용하는 차원이 아니다.

글을 쓸 때마다 깊은 내면과 뇌에 새기는 행동이라고 믿어도 틀리지 않는다. 그렇기에 내가 정한 목표를 손으로 적고, 반복해서 적으면서 목표를 기억하고 되새겨야 한다.

그런 후 목표를 상상한다. 앞에서 살펴본 『조혜련의 미래일기』처럼 이루어졌다고 생각하고 목표를 상상하는 것이다. 그 과정의 모습들도 상상한다. 영어공부를 통해 회화 실력을 키우고 원어민과 자유롭게 대화하겠다는 목표를 세웠다면 영어학원에 가는 나의 모습을 상상하고, 학원에서 선생님과 다른 학생들과 즐겁게 공부하고 서로 대화하는 모습을 상상하는 것이다. 생각만 해도 기쁘고 행복할 것 같은 상상을 자유롭게 하는 것이다. 그 상상이 힘들고 지칠 때마다 동기부여 해주는 에너지원이 될 것이다.

마지막으로 소리 내어 외친다. 글로 적고 읽고 상상하는 것에 마지막 소리 내어 외치는 거다. 우리가 흔히 "파이팅"을 외치면서 서로 소리를 높이는 건 의지와 열정에 도움을 주기 때문이다. 강철왕 앤드류 카네기는 평생 두 가지를 실천했다고 한다. 첫 번째, 목표를 종이에 적는다. 두 번째, 기상 후, 취침 전 하루 두 번 종이에 쓴 목표를 큰소리로 외친다. 그 결과 1주일에 1달러 20센트를 받던 면화 공장 노동자에서 개인 재산만 4억 달러 넘게 소유한 거부로 성장하게 된 것이다. 이렇듯 나의 목표를 소리 내어 외치는 건 생각보다 중요하다. 세계적인 자기계발 전문가 브라이언 트레이시는 자존감을 높이고 자부심을 향상시키는 방법으로 "나는 내가 좋다"를 지속해서 외치라고 주문한다. 수시로 이 긍정문을 외치면 자존감과 자부심이 높아지면서 목표를 향한 에너지가 향상되고 쉽게 좌절하지 않게 된다고 한다. 이렇듯 긍정문을 반복해서 외치는 것은 목표를 마음속 깊이 새기고 마음속 에너지를 채울 수 있는 효과적인 방법이다.

　다시 한 번 말한다. 당신이 새롭게 정한 목표가 있는가? 그렇다면 그것을 잊어버리지 않게 강하게 뇌와 마음속에 심어주어야 한다. 그렇게 하려면 다양한 방법으로 스스로에게 자극을 주어야 한다. 내가 목표하는 것을 직접 적는다. 그리고 적으면서 이루어질 것을 상상한다. 그리고 직접 소리 높여 외친다. 막상 하려면 웃기고 이상하다고 느낄 수 있다. 하지만 분명히 효과가 있다. 이 방법은 다양한 전문가들이 권하고 있으며 많은 사람들이 실제로 효과를 보았다는 사실을 기억하자.

　나는 영업 업무의 효율을 높이기 위해서 매달 새로운 목표와 세부계획을 세운다. 특히 나는 매달 새로운 영업목표를 달성하기 위하여 월 단위로 작성하는 기록지를 활용한다. 그래서 매달 목표를 손으로 직접 작성하고 일정과 세부계획들을 수립한다. 머리로만 생각하면 안 된다. 세부적이고 사소한 것까지 모두 적는다. 목표도 매일 매일 다시 보고 읽으며 되새긴다. 매주 목표를 위해서 작성하고 달성한 현황을 파악하고 분석한다. 그러면서 주말마다 한주의 어떤 모습으로 일을 할지를 상상해본다. 사람을 만날 때마다 그 모습을 상상하며 어떠한 모습으로 미팅을 할지를 구체적으로 생각한다. 영화나 드라마처럼 장면을 상상을 하면서 예상되는 상황들을 최대한 고려하고 준비해야 한다. 사실 그대로 이루어지지 않는 경우가 더 많다. 하지만 내가 구체적으로 상상하며 대본을 만들듯이 상상하고 그림을 그리다 보면 많은 걸 준비하게 되고 목표를 위한 열정과 의지가 더욱 견고해진다. 그리고 함께 일하는 동료들과 함께 서로 목표를 나누고 스스로 반복해서 다짐한다. 그럴 때마다 목표에 가까워질 수 있다는 희망을 느끼고 피곤하고 힘들 때도 다시금 힘을 낼 수 있는 에너지원이 되어 준다.

나는 또한 책을 준비하면서 목표를 정했고 기한과 방법까지 생각했다. 컴퓨터 주변과 거실, 부엌 곳곳에 나의 목표를 적어놓고 수시로 눈으로 확인했다. 퇴근 후 새벽 1시가 넘어가도 글을 썼다. 왜냐하면 바로 모니터 앞에 나의 목표 기한과 함께 매일 하고자 하는 목표량이 붙어 있었기 때문이다. 그리고 목표를 달성한 후의 나의 모습을 상상하니 너무 행복했다. 그 행복을 놓치고 싶지 않았다. 지금 이 순간 포기하면 그 행복이 나에게 오지 않을 것 같았기에 졸린 눈을 비벼 가면서도 지속할 수 있었다. 나는 의지가 무척 약한 사람이다. 앞에서도 이야기했지만 실패를 너무나 많이 했던 사람이다. 큰 실패, 작은 실패, 할 것 없이 나는 스스로 합리화하는데 익숙한 사람이었다. 그렇기에 어느덧 스스로를 믿지 못하고 나약하다며 내가 나를 포기해 버렸었다. 그런데 지금 생각해보면 단순히 의지와 열정의 문제가 아니었다. 나도 끈기가 없는 사람이 아니었다는 걸 깨달은 것이다. 그걸 깨달으면서 조금씩 달라졌다. 자존감도 높아지고 행복감도 느끼게 되었다.

내가 상상하는 행복을 꼭 잡고 싶은 욕심이 나를 더욱 실천하고 끈기있게 만들어 주었다. 하기 싫은 걸 억지로 이겨내는 것이 아니라 하고 싶은 욕심이 나를 이끌어 주었다. 원하는 목표를 얻기 위해서 몇 가지 효과적인 방법을 적용했더니 완벽하진 않지만 조금씩 변화하는 나를 발견할 수 있었다. 나 같이 자존감이 바닥까지 내려 앉은 사람이, 끈기라고는 없었던 자기합리화 전문가였던 사람이 이 글을 쓴다는 것이 솔직히 부끄럽고 어색하다. 하지만 나와 같은 사 람이 하는 말이 더욱 공감이 되고 와 닿는 사람이 있을 것이라고 생각한다. 완벽해 보이는 성공한 사람이 자신의 노하우를 알려주 는 것도 훌륭한 책이 될 테지만 나처럼 평범하고 별로 다를 것 없 어 보이는 사람이 실제로 느꼈던 사실을 함께 공유할 때 많은 사람 들이 공감할 수 있지 않을까 생각한다.

지금 당장 노트와 펜을 준비해보자. 그리고 처음부터 완벽하게 적으려고 하지 말고 머릿속에 있었던 계획들과 목표들을 가감 없이 적어보자. 즐거운 상상과 함께 정해진 시간에 그것들을 직접 외쳐 보자. 처음엔 어려울 수도 있다. 막막하게 느껴질 수 있다. 하지만 그건 너무 어렵게 완벽하게 적어야 한다는 부담감 때문에 그런 것 이다. 편안하게 떠오르는 생각들을 적어보자. 하나씩 적다 보면 의 외로 술술 적게 된다. 그런 후 주제별로 조금 더 구체적으로 적어보 면 내가 원하는 목표와 세부방법들이 나오게 될 것이다. 내일로 미 루면 할 수 없다. 지금 당장 시작하자. 망상이 전략으로 바뀌는 걸 경험하게 될 것이다.

주변 사람들과 공유하라

끈기의 습성이야말로 승리의 습성이다.
— 허버트 코프먼

"사람은 사회적 동물이다"라는 말이 있다. 사람은 혼자서는 살 수 없다. 사람들과 어울리는 가운데 서로 도움을 주고받는 가운데 살아가는 존재인 것이다.

그래서일까, 사람들은 무엇을 할 때 항상 모여서 무언가를 계획하고 준비한다. 학교에서건 직장에서건 항상 모여서 회의를 하고 의논을 한다. 서로의 의견을 모으고 서로 조언을 하며 주장을 한다. 똑똑한 사람 혼자서 하는 것은 한계가 있다. 결국은 서로 함께하면 훨씬 효율적이고 쉽다.

사람이라는 존재는 자율적이고 독립적인 것처럼 보이지만 생각보다 타율적이고 의존적이다. 물론 사람마다 정도의 차이는 있겠지만 말이다. 그러나 누구에게나 타율적이고 의존적인 성향이 존재하기에 이 부분을 잘 활용한다면 우리가 원하는 목표를 실천하고 끈기있게 지속하는 데 많은 도움을 받을 수 있다.

예시를 보자. 새해가 되어 운동을 하려고 계획하는 두 사람이 있다. 한 사람은 자율적으로 시간과 여건을 고려해서 운동하기 위해서 피트니스 센터에 등록을 했다. 일찍 퇴근하거나 여유 있는 주말에도 운동을 해야겠다고 결심한다. 다른 한 사람은 동호회에 가입하여 퇴근 후 주 3회 배드민턴을 배우기로 했다. 물론 상황에 따라 다를 수 있지만 경험상 혼자 피트니스 센터에 다니는 것보다 동호회원들과 같이 함께 운동을 하면서 자극을 받을 때 오래 지속할 수 있었다. 특히 아직 끈기가 부족하여 쉽게 포기하거나 개인적으로 의지력이 약하다고 느끼는 사람이라면 혼자만의 힘으로 하려고 하기보다는 주변 사람들의 힘을 활용하는 것도 매우 중요하다. 배드민턴의 경우 혼자 하는 운동이 아니기에 격려와 경쟁을 통해 흥미와 에너지를 얻을 수 있다. 또한 함께 운동하는 사람들의 격려가 중간에 생길 수 있는 포기의 유혹으로부터 이겨낼 수 있도록 도와준다. 그리고 함께하면서 얻을 수 있는 즐거움이 자연스럽게 목표를 지속하도록 도와준다.

이것은 실제로 나도 경험했다. 나도 운동 결심을 무수히도 많이 했었다. 헬스, 마라톤, 복싱 등 종목도 다양했다. 그런데 돌아보니 모두 혼자 하는 운동이었다. 물론 함께할 수 있기는 한데 내가 모두 혼자서만 하려고 했던 것이다. 그러다 보니 타인을 통한 자극이나 동기부여, 강제성 등은 느낄 수 없었다. 하지만 그 이후에는 조기 축구를 신청했었다. 처음에는 어색했지만 금방 다양한 연령대의 사람들과 친해질 수 있었다. 축구시합을 하면서 서로서로 친해졌고 뒤풀이를 하거나 하면 더욱 많은 이야기꽃을 피웠다. 평일에도 서로 만나기도 하고 식사를 하면서 유대감을 나눴다. 그러다 보니 한

주 빠지게 되면 바로 연락이 와서 서로 안부를 물으며 참석하라는 권유를 들었다. 그래서 몇 번 빠질까 하다가도 참석하고 모임을 이어갈 수 있었다. 물론 그런 권유가 누군가에게는 불편하고 힘들 수 있겠지만 내가 하려고 했고 더욱 열심히 하고 싶은 마음이 있다면 장점으로 작용한다.

그래서 나는 내가 원하는 목표를 꾸준히 끈기있게 지속하기 위해서는 혼자가 아닌 함께 할 방법을 찾아야 한다고 생각한다. 그러기 위해서는 먼저 나의 목표를 주변에 공유하고 알려야 한다. 특히나 가족, 또는 SNS의 지인들에게 알리고 이것을 통해 스스로 동기 부여를 받는 것이 좋다. 금연을 하려면 주변 사람들에게 모두 알리라는 말도 있지 않은가. 왜 그럴까. 주변 사람들이 모두 감시자이자, 응원자가 될 수 있기 때문이다. 그리고 특히 요즘은 SNS를 통해서 서로 소통하는 사람들이 많아졌는데, SNS를 통해서 나의 의지와 목표를 공유하면 긍정적인 부담감으로 인해서 목표를 지속하려는 힘이 커질 수 있다. 그래서 아예 SNS에서 온라인 모임을 통해서 서로 목표를 공유하고 격려하는 사람들도 많다. 새벽형 인간 되기, 글쓰기 등 서로 관심사가 비슷한 사람들끼리 함께 동일한 목표를 공유하고 나누는 자리도 끈기에 상당한 도움을 줄 수 있다고 생각한다.

SNS 중에서 나는 특히 블로그를 추천하고 싶다. 나도 블로그를 통해서 주기적으로 글을 작성하고 있는데, 특히나 감사일기는 매일 직접 작성하겠다는 마음을 먹고 사람들에게 공표한 후 매일 작성하고 있다. 물론 작성을 하지 않았다고 불이익이 오지는 않지만 다른 사람들에게 공유하고 선포했기에 꼭 지키고 싶은 마음이 생긴다. 또한 많은 사람들이 격려해주고 응원해주기 때문에 더욱 힘이 나고 의지가 새로워지게 된다. 그래서 나는 주변에 많이 알리고 선포하라고 말하고 싶다. 오프라인이든 온라인이든 상관없다. 다양한 방법을 활용한다면 그만큼 더 큰 효과를 누리게 될 거라 믿는다.

동호회나 다양한 모임들을 적극적으로 활용하는 것도 좋은 방법이다. 그런 예시 중 하나가 독서 모임이다. 새해에는 한 달에 5권을 읽겠다고 계획을 세웠다고 가정해보자. 실제로 주변에 이런 목표를 세우고 노력하는 사람들이 많이 있다. 하지만 누군가에게는 한 달에 5권이 너무 쉬운 수준의 목표일 수 있지만 누군가에게는 매우 어려운 수준일 수 있다. 그래도 일단 모임을 나가면 다른 사람들을 보면서 동기부여를 받게 된다. 열심히 책을 읽고 토론하는 모습들을 보면서 지속적인 자극과 에너지를 얻게 되고, 또한 모임을 위해서라도 선정된 도서를 읽으려고 노력하게 된다. 비록 억지로 힘들게 읽더라도 괜찮다. 누구는 억지로 하는 건 나쁘다고 할 수 있지만, 나는 절대 아니라고 생각한다. 처음에는 억지로 할 수도 있겠지만 그것이 습관의 시작이고 그런 과정이 반복되면 분명 독서가 익숙해지고 쉬워질 것이기 때문이다. 서로 피드백을 해주면서 독서의 즐거움을 느끼게 되고, 중간중간 서로 격려해주다 보면 한 달에 최소한 선정된 도서는 읽어나갈 수 있게 된다. 혼자서 읽는 것에 비하면 효율이 떨어진다고 생각할 수 있는 사람도 있을 수 있겠지만, 독서라는 걸 꾸준히 할 힘을 마련해 준다는 점에서는 뚜렷한 효과를 누릴 수 있다. 혼자 독서가 어렵다면 모임을 통해서 독서습관을 이어가

보는 것을 추천한다.

마지막으로 추가로 도움을 줄 방법은 나에게 적당한 수준의 책임감과 부담감을 주는 것이다. "지위가 사람을 만든다"는 말이 있다. 이 말은 지위에 따라서 사람의 모습과 행동, 생각이 바뀐다는 뜻이다. 적당한 수준의 책임감과 부담감은 긍정적인 효과를 불러온다. 예를 들어 군대라는 조직은 특성상 사람을 피동적으로 만든다. 하고 싶어서 하기보다는 시켜서 모든 걸 하게 된다는 말이다. 그런데 간부가 되면 병사들보다는 책임감과 부담감이 커진다. 리더의 지위를 가지기 때문이다. 그러다 보니 병사들보다는 조금 더 자율적이고 적극적으로 생활하게 되는 것이다. 이런 모습은 군대만 그런 게 아니라 학교도 그렇다. 생각해보면 반장, 부반장인 친구들도 똑같은 학생이지만 직위가 생기면 스스로 행동을 절제하고 때론 친구들을 통솔하기 위해 솔선수범하는 모습을 보이기도 했지 않은가. 일반적인 모임이나 동호회에서도 집행부로서 활동하는 사람이 더욱 적극적인 모습을 보게 된다. 왜 그럴까? 그 지위에 대한 책임감과 부담감이 긍정적인 방향으로 작용하여 힘을 내게 해주는 것이다. 그렇기에 내가 세운 목표를 위해 모임을 활용하고자 한다면 그 안에서 적절한 수준의 책임감과 부담감을 갖는 지위를 갖는 것도 도움이 된다. 예를 들어 모임에서 총무를 맡게 되었다고 생각해보자. 재정이나 관련 업무들을 하기 위해서라도 모임에 빠지기 어렵다. 그러다 보면 당연히 모임에 대한 마음과 애정은 커질 것이고 더욱 적극적으로 임하게 된다. 그 모임이 독서 모임이면 독서를 지속하게 될 것이고, 운동모임이라면 운동을 지속적으로 하게 될 것이다.

  사람은 사회적 존재이다. 사람을 연결하는 힘에 의해서 사람은 큰 영향을 받는다. 사람은 절대 혼자서 모든 것을 완벽하게 해낼 수 없다. 따라서 우리가 목표를 달성하는 가운데 나 말고 타인의 도움이 필요할 수 있다는 사실을 기억하자. 물론 타인으로 인해 피해와 좌절을 경험할 수도 있다. 하지만 실패가 두려워서 아무것도 하지 않으면 그것은 그냥 삶을 포기하는 것과 다르지 않다. 그렇기에 사람을 통해서 우리가 끈기의 힘을 기를 방법들을 많이 활용했으면 좋겠다.

작은 성공의 경험을 쌓아라

당신의 진정한 모습은
당신이 반복적으로 행하는 행위의 축적물이다.
탁월함은 하나의 사건이 아니라 습성인 것이다.
— 아리스토텔레스

성공과 실패도 습관처럼 몸과 뇌가 기억한다. 물론 실패를 통해
단단해지고 성숙해질 수도 있다. 하지만 반복적인 실패는 우리에게
부정적인 기억으로 남는다. 반대로 성공은 그 크기나 종류와 무관
하게 성공 자체만으로 긍정적인 효과를 낳는다. 따라서 우리는 작
은 성공에 집중하고 작은 성공부터 시작해야 한다. 특히나 자존감
이 낮거나 실패의 경험이 많은 상태라면 더더욱 그렇다. 흔히 "할
수 있다"를 반복해서 외치기만 해도 부정적인 감정에서 벗어나 자
존감이 높아지고 긍정적으로 변화될 수 있다는 말을 한다. 그 말은
그만큼 우리의 뇌가 착각을 쉽게 하는 존재라는 것이다.

예를 들어보자. A라는 사람은 명문대를 나와서 사법고시를 준
비 중이다. A라는 사람의 목표는 사법고시 합격이다. 벌써 5년째
준비 중이다. 1차는 합격을 하는데 2차에서 매번 탈락의 고배를
마신다. 벌써 5년째이기에 불안한 마음이 크다. 다른 모든 것들
은 관심이 없다. 오직 이 사법고시의 합격만을 위해서 공부한다.

나름 명문대를 나와서 멋진 인생을 살 수 있을 거라 믿었는데 계속되는 탈락에 자존감이 낮아진다. 어려운 시험에 떨어졌다며 주변 사람들은 격려를 해주지만 본인은 반복적인 실패로 인해서 자존감이 낮아진다. 자신에 대한 신뢰가 점점 낮아지면 부정적인 감정을 느끼기 쉬워지게 된다.

반면 B라는 사람은 육아를 하는 평범한 주부다. 한동안 육아로 인해 자유롭지 못해서 우울했었다. 하지만 최근에 아이가 자는 시간에 요가를 하기로 목표를 정했다. 딱 10분만 하기로 했다. 그 정도가 자신에게 부담스럽지 않은 목표라고 생각했기 때문이다. 10분 알람을 맞추고 아이가 자는 시간에 요가를 했다. 10분 정도라서 부담도 없고 할수록 익숙해지니 재미도 있었다. 점차 10분이 짧게 느껴졌지만 무리하면 안 될 것 같아서 정해진 시간만을 유지했다. 그렇게 한 달간 성공했다. 다이어리에 성공한 달을 표시한 걸 보니 뿌듯하고 기쁘다. 작은 성공이지만 스스로가 자랑스럽게 느껴진다. 그러자 이젠 한 가지 더 도전해 보기로 한다. 이번에는 10분 요가와 더불어 10분 자전거 타기이다. 대신 자전거는 TV를 시청하면서도 할 수 있도록 실내 자전거도 TV 바로 앞으로 옮겨놓는다. TV를 볼 때 자전거가 떠오를 수밖에 없도록 한 것이다. 그런 후 10분씩 자전거 타기를 실천해 보니 생각보다 TV를 보면서 자전거 타는 것이 어렵지 않고 운동 효과도 있는 것 같아서 뿌듯함을 느끼게 된다. 두 목표 모두 그리 어렵거나 대단한 것은 아니었다. 하지만 그것을 실천하고 성공했다는 사실만으로도 B라는 사람은 큰 만족감을 느끼면서 '내가 도전하면 할 수 있는 사람이구나'라고 느끼고 생각하게 된다. 대단한 목표가 아니라서 그 정도로 뭘 대단하게 생각하냐고 할 수도 있지만 우리의 뇌는 그렇지 않다. 일단 성공을 하고 성공의 기쁨과 만족을 얻으면 뇌는 성공의 감정을 기억한다. 그리고 스스로 무엇이든 할 수 있는 사람으로 인식하며 자존감이 높아진다. 그러면 새로운 도전에 대한 두려움도 사라질 것이다.

간혹 자살을 하거나 삶을 비관하는 사람들이 있다. 그 사람들이 전부 불쌍하고 실패한 사람인 건 아니다. 오히려 타인이 바라보았을 때 그런 선택이 이해되지 않는 경우들도 있다. 왜 저렇게 능력 있는 사람이 그랬을까라는 생각이 드는 것이다. 타인이 바라보았을 때는 아무런 문제가 없어 보이기에 그렇게 의문을 품을 수 있다. 이렇게 정상적이고 잘 지내는 듯 보이는 사람들이 자살을 하는 경우는 결국 반복되는 실패로 인한 자존감 상실인 경우가 많다. 반복되는 실패감을 느끼면서 몸과 마음이 부정적인 감정으로 흔들리고 마는 것이다. 결국 스스로를 믿지 못하기에 자존감이 낮아지는 것이다. 아무리 사회적인 위치가 높고 가진 재산이 많아도 스스로를 가치 있는 존재로 인식하지 못하고 부정적인 감정이 나를 둘러싸면 결국 삶의 의지는 사라지게 되는 것이다.

하지만 반대로 "저 사람은 별로 대단할 것도 없는데 행복해 보이네"라는 말을 하는 경우도 있다. 말 그대로 사회적인 지위나 권력이 높지 않아도, 부자가 아니어도 행복한 사람들이다. 그들은 결국 자존감이 높은 사람들이다. 자존감과 자신감은 비슷한 듯하지만 분명히 다르다. 이 사람들은 자신감이 아닌 자존감이 높은 경우이다. 자신감은 다른 사람들과 비교했을 때 얻을 수 있는 감정이지만 자존감은 나의 존재 자체만으로 얻는 감정이기 때문이다. 따라서 타인들의 눈으로 보았을 때 대단하거나 성공적이지 않아도 자존감이 높을 수 있다. 자존감이 높아지는 방법은 바로 아주 사소하고 작은 성공이라도 반복하는 것이다. 누구나 할 수 있어 보이는 너무나도 간단한 목표이지만 그것을 포기하지 않고 지속하여 성공 경험을 얻는다면 충분히 자존감을 높일 수 있다.

성공한 사람들의 모습을 보면 발견되는 것이 있다. 처음부터 거창한 목표에 도전하는 것보다 작은 목표이지만 계단을 오르듯 하나씩 성공해 나가는 경우가 더 많다는 사실이다.

지금 '나는 무엇을 해도 성공할 수 있다'라는 자기 확신이 없는 사람에게는 반드시 이 방법을 권하고 싶다. 아주 사소해 보이는 작은 목표를 설정하라. 그리고 실천하라. 절대 포기하지 말고 아무리 사소할지라도 목표를 끝까지 달성해 보라. 별것 아닌 거라고 생각했어도 성공을 하면 뿌듯함과 자부심을 느끼게 된다. 그리고 나면 앞에서 말했던 것처럼 나 스스로를 진심으로 칭찬하고 격려해주자.『인생을 바꾸는 아주 작은 습관』이라는 책을 보면 아주 작은 습관으로 변화를 일궈낸 저자의 사례가 나온다. 자기 전에 3분 스트레칭, 아침에 일어나자마자 물 한 컵 마시기 등 뭐든 좋다. 정말 충분히 할 수 있다고 생각되는 목표를 세우자. 단, 매일 반복하고 매일 체크하자. 그래서 정해진 기간에 달성하면 반드시 나를 칭찬하자. 격려하고 선물을 주는 것도 좋다. 우습게 느껴질 수 있다. 하지만 분명한 건 너무나 작아 보이는 성공이 나를 변화시키는 시작이라는 점이다. "낙숫물이 바위를 뚫는다"는 말이 있다. 아무리 작아 보이는 성공도 쌓이고 쌓이면 나를 변화시킨다. 자존감이 높아지고 긍정적인 감정이 나를 지배하는 것이다. 반대로 아무리 작아 보이는 실패도 쌓이고 쌓이면 부정적이고 자존감이 낮은 모습으로 변하게 된다.

이런 생각이 들었다. 내가 너무 쉽다고 생각하는 팔굽혀펴기를 매일 하루에 1개만 했어도 10년 동안 했으면 내 몸은 지금과 같지 않았을 거란 생각이 든 것이다. 그렇다. 결국 나를 변화시킬 방법은 한 번에 거창하게 뭔가를 하는 게 아니다. 아무리 작은 것이라도 매일 꾸준하게 지속하는 힘, 끈기를 가지고 있다면 분명히 변화한다는 사실이다. 처음에는 변화가 없어 보여 지루하고 답답할 수 있다. 하지만 분명한 건 내가 원하는 목표에 한 걸음씩 가고 있다는 사실이다. 하루에 팔굽혀펴기 1개는 정말 아무것도 아니다. 5개도 사람에 따라 차이는 있겠지만 쉬운 목표다. 그런데 그 1개나 5개를 매일 365일 한다면 어떻게 될까? 그리고 그렇게 5년, 10년을 지속한다면 어떠한 변화가 생길까? 아마 내가 이야기하지 않아도 충분히 상상할 수 있으리라 믿는다.

나는 흔히 말하는 사회적인 성공, 자산을 불려가는 물질의 성공을 말하려는 건 아니다. 물론 연관성이 없다고 할 순 없겠지만 '나만의 행복한 성공'을 이야기하고 싶다. 결국 내 삶의 성공은 내가 행복해야 이룰 수 있다. 그러기 위해서는 자존감이 낮아서는 절대로 안 된다. 자존감을 키우기 위해서는 작은 성공을 반복해서 경험해야 한다. 작은 성공이 나를 변화시킬 수 있다는 믿음이 있어야 한다. 잘 믿어지지 않을 수 있다. 그리 마음속 깊이 와 닿지 않을 수 있다. 하지만 상상을 해보자. 어떤 것도 좋다. 아까 말했던 매일 팔굽혀펴기 5개 하기 또는 매일 영어 1문장 외우기, 매일 지인에게 편지 1통 보내기 등 세울 수 있는 작은 목표는 무수히 많다. 그런데 그런 목표가 그다지 대단하지는 않아서 당장은 그 효과가 보이지 않을 것이다. 하지만 그 행동을 10년을 지속한다면 단언컨대 누가 보더라도 건장한 상체를 지니고 있을 것이다. 매일 영어 1문장을 외워서는 아무런 효과가 보이지 않겠지만, 10년을 지속하면 아마도 영어에 필요한 기초지식을 갖추게 될 것이다. 매일 지인에게 1통의 편지를 10년을 보내는 사람은 분명 특별한 인맥관리 없이도 주변에 많은 사람들이 함께할 것이다. 결국은 작은 목표라도 지속하는 성공을 누리면 그 성공이 나를 분명하게 변화시킬 것이다.

자, 오늘 당장 아주 작은 목표를 실천하여 작은 성공의 기쁨과 행복을 누려보자.

우선순위가 핵심이다

당신이 할 수 있다고 생각하든 할 수 없다고 생각하든
당신의 생각은 옳다.
— 헨리 포드

현대인들은 너무나 바쁘다. 해야 할 일이 너무나 많다. 항상 시간이 부족하다. 그래서인지 많은 사람들이 만성 피로에 시달리고 있다. 학생들은 공부하느라 힘들다. 청년들은 일도 열심히 해야 하고 재테크와 결혼준비, 집 장만 등 할 것이 너무 많다. 중년들은 노후를 준비하느라 정신이 없고 마음이 급하다. 요즘은 유치원생, 초등학생들도 바쁜 시대이다. 모두가 항상 뛰어다니고 분주하다.

그래서일까 세상은 점차 빠르게 변화되어 간다. 스마트폰처럼 혁신적인 물건들이 쏟아지고 있다. 우리의 부족한 시간을 절약해 주고 어려운 일들을 쉽게 처리하도록 도와주는 것이다. 과거에는 반드시 컴퓨터에서만 할 수 있는 작업을 길거리나 지하철 등 어디서든 할 수 있게 되었다. 돈을 이체하려고 하면 은행을 가야 했는데 이제는 스마트폰 하나면 언제든 어디서든 손쉽게 할 수 있다. 내가 대학교 입학원서를 넣을 때만 해도 종이로 입학원서를 제출했었다. 그런데 지금은 모두가 온라인으로 신청하고 제출한다. 온라인 수업이 보편화 되었고, 이제는 사물인터넷이라고 해서 모든 기계가 인터넷이 연결되어 더욱 스마트해지고 편리해지는 삶이 되어가고 있다.

하지만 그렇게 편리해지는데도 막상 우리의 여유 시간은 줄어들었다. 많은 사람들을 만나지만 그들이 항상 하는 이야기가 있다. 시간이 없다, 바쁘다, 정신이 없다며 시간부족과 바쁨을 호소한다. 이상하다. 세상은 점차 편리해지고 기존에 어렵고 힘들게 해야 했던 일들을 쉽고 편안하게 처리할 수 있는데도 우리는 바쁘고 시간이 부족하기만 하다.

이렇게 시간이 부족하고 항상 쫓기듯 살아가다 보니 사람들은 제한된 시간 속에서 많은 일들을 한꺼번에 처리하려고 한다. 이것도 잘해야 하고 저것도 잘해야 한다고 생각한다. 회사 일도 잘하고 가족 일도 잘 챙기고 친구들과 동호회 모임 등 모두를 다 잘 챙기면서 완벽하게 해내길 원하는 것이다. 하지만 누가 이 모든 것들을 완벽하게 처리하고 해낼 수 있을까. 나를 비롯한 평범한 사람들은 아마도 절대 불가능하다고 본다. 사람의 능력은 제한적이고 시간도 제한적이라는 사실을 간과해서는 안 된다.

마라톤을 잘하는 사람이더라도 장거리 수영은 어려울 수 있다. 장거리 수영은 잘하는 사람이더라도 장거리 사이클은 어려울 수 있다. 각자 사람마다 잘하는 분야가 있고 모든 분야를 잘하기는 어렵기 때문이다. 그런데 마라톤, 장거리 수영과 사이클까지 모두 잘하는 사람을 우리는 '철인'이라고 부른다. 마찬가지다. 우리가 살면서 회사일, 가정일, 친구와 각종 모임까지 다 완벽하게 처리하기는 힘들다. 그런 사람이 있다면 그 사람은 '철인'이라 부를 만할 것이다. 그런데 이런 철인은 소수일 뿐 대부분의 사람들은 마라톤 하나도 완벽하게 하기 어렵다. 그런데 모든 사람들이 스스로 철인이 되어야 한다고 믿는다.

학창시절에 가장 답답했던 것도 바로 모든 과목을 골고루 잘해야 한다는 사실이었다. 국어, 영어, 수학을 비롯한 과학, 사회, 역사 등등 모든 과목을 완벽하게 잘해야 우등생이 될 수 있었고 흔히 말하는 명문대에 입학할 수 있었다. 물론 뛰어난 두뇌와 노력이 합쳐진다면 모든 과목을 잘할 수도 있다. 하지만 보통의 사람들이 모든 과목을 다 잘한다는 건 말이 안 되는 것이었다.

수학을 잘하고 좋아하는 사람은 상대적으로 언어 분야에는 어려움을 호소할 수 있다. 반대로 언어적인 재능이 발달한 사람은 상대적으로 수학이나 과학 분야를 어려워하기도 한다. 실제로 나는 수학이나 과학은 곧잘 하면서 좋아했지만 국어나 영어는 너무나 어렵고 힘들어했던 기억이 있다.

사람은 한꺼번에 모든 것을 할 수 없다. '슈퍼맨 증후군'처럼 모든 것을 완벽하게 처리하고 이루어 내고 싶어 한다면 어쩌면 아무것도 이루지 못할 수 있다. 그런데 사람들은 새해가 되면 너무나 많은 계획과 목표들을 나열하고 한 번에 도전한다. 좋은 강연을 듣거나 좋은 책을 읽고 난 후 너무나 감동을 받은 나머지 한 번에 너무나 많은 실천계획을 세운다. 누군가 이렇게 모두 실천해서 성공했다고 하면 그걸 나도 모두 실천해야 한다고 믿는다. 다양한 성공이론들이 넘쳐난다. 각종 자기계발서에서 말하는 성공습관이나 성공이론들을 따라 하려고 하다 보니 할 게 너무나 많은 것이다.

성공한 사람들은 새벽에 일어난다고 하면 7시에 일어나던 사람이 갑자기 5시 기상을 하려고 한다. 그리고 성공한 사람들은 매일 운동을 한다고 하면 퇴근 후 헬스클럽에 간다. 또한 매일 일기를 쓴다고 하면 지친 몸으로 집에 들어오면 일기를 쓰기도 한다. 성공한 사람들은 독서광이라고 하면 책을 읽으려고 늦게까지 잠을 자지 않는다. 또한 재테크가 중요하다고 하면 주말에 관련 강의를 들으러 다니고 스터디에 참여한다. 그러다 보니 결국 한 달이 못되어서 하나씩 포기하기 시작한다. 왜? 너무 힘들기 때문이다. 아까 말한 것처럼 한 번에 모든 걸 이루는 건 쉽지 않다. 보통의 사람들에게는 결코 쉬운 것이 아니다. 그렇다면 어떻게 해야 할까?

반드시 우선순위를 정하고 실천해야 한다. 앞에서도 언급했듯이 실패하는 이유는 너무 조급하고 빠른 결과를 원하기 때문이다. 우리 삶에서 그렇게 단시간에 결정되고 단기간에 얻어지는 성과가 있다면 그 성과는 그리 가치 있는 성과가 아닐 가능성이 크다. 결국 어떠한 목표든지 일정 이상의 시간과 노력이 필요하다. 그리고 사람이 기존과 다른 행동을 하고 습관을 만들려면 뇌에서는 엄청난 거부반응을 일으킨다고 한다. 그 거부반응을 극복하고 자연스럽게 몸과 마음이 익히게 되는 데는 반드시 시간이 필요하다.

끈기를 가지고 습관을 형성하는 데 걸리는 시간이 21일이라는 사람도 있고, 66일이라는 사람도 있다. 이건 사람마다 차이가 있겠지만 분명한 건 일정 이상의 시간이 필요하다는 것이다. 그렇다면 이렇게 나에게 익숙해지고 거부감이 줄어드는 시간이 필요하기에 반드시 우선순위를 정하고 가장 중요한 것에 몰입해야 한다.

미하이 칙센트미하이에 따르면 몰입은 '무언가에 흠뻑 빠져 있는 심리적 상태'를 의미하고, '현재 하고 있는 일에 심취한 무아지경의 상태'라고 말한다. 몰입은 주위의 모든 잡념, 방해물을 차단하고 자신이 원하는 어느 한 곳에 모든 정신을 집중하는 것이다. 그는 몰입했을 때의 느낌을 '물 흐르는 것처럼 편안한 느낌', '하늘을 날아가는 자유로운 느낌'이라고 한다.

이처럼 어느 하나에 깊이 빠져들어야 한다. 이것저것 모든 것을 하려고 하다 보면 결국 모두 놓치게 된다. 나에게 지금 가장 중요한 것부터 시작해야 하는 것이다. 내 삶에 지금 당장 가장 필요한 것이 있다면 그것을 최우선순위로 정하고 거기에 내 관심과 열정을 집중해야 한다. 몰입해야 한다. 몰입을 하면 처음엔 그렇게 어렵게 느껴지던 것도 점차 쉬워지고 즐거워지고 재미있어진다.

가장 중요한 한 가지부터 정해서 실천하자. 지금 당장 건강이 내 삶에 가장 중요한 우선순위라면 나의 모든 관심사와 열정을 건강에 관련된 실천목표에 집중해보자. 그렇지 않으면 실천하던 도중에 분명 무엇을 먼저 해야 할까 고민되는 상황이 발생한다. 늦게까지 야근을 하고 집에 돌아왔는데 독서를 해야 할지 아니면 운동을 해야 할지 아니면 블로그 포스팅을 할지를 고민하게 된다면 어떻게 될까? 어느 날은 독서를 하고 어느 날은 운동을 하고 어느 날은 블로그를 한다면 제대로 목표 달성을 할 수 없을 것이다. 이것도 저것도 이루지 못하고 흐지부지되는 것이다. 그런데 오직 건강과 운동을 최우선을 정했다면 고민할 이유가 없을 것이다. 끈기를 내 몸과 마음에 새기고 싶다면 명심하라. 반드시 일정 이상의 시간이 필요하고 몰입이 필요하다는 사실을 말이다. 일정한 시간의 몰입을 통한 나의 성장을 경험하고 성취감을 느끼면 그 이후에는 반드시 목표가 달성될 수밖에 없다.

내가 너무나 하고 싶고 이루고 싶고 되고 싶은 것이 있다면 다른 모든 것을 포기하더라도 하게 되어 있다. 그게 우선순위다. 어려운 것이 아님을 기억하자.

너의 길이 맞다

이제까지 끈기의 중요성과 끈기를 키우는 방법에 대해서 하나씩 하나씩 찾아보았다. 끈기는 어쩌면 우리의 삶에 없어서는 안 될 필수적인 요소임을 다시금 느꼈다.

어려서부터 우리는 누군가의 통제에 잘 따르면 칭찬을 받았다. 학창시절 모범생, 우등생은 부모님이나 선생님처럼 어른들이 하라는 대로 잘 따라가는 학생이었다. 시키는 것만 잘하면 됐다. 공부하라면 하고, 떠들지 말라면 조용히 하고, 학원가라면 학원에 가고. 하라는 대로 하면 칭찬받고 인정받았다. 대신 공부하라고 해도 시키는 공부 안 하고 게임을 하거나 뛰어놀거나 자기가 좋아하는 걸 하고 있으면 혼이 났다. 바로 불량학생이 되어 버리는 것이다.

그래서일까? 나를 비롯한 많은 학생들은 항상 자기보다 윗사람과 있으면 그 사람의 말을 그대로 따라야 한다는 생각을 가지고 있었다. 나는 자신의 주관이나 생각보다는 타인의 생각과 의견에 더 중점을 두고 따라가려는 성향이 강한 사람들을 많이 봤다. 중고등학생이나 20대의 입에서 가장 많이 나오는 말이 있다. "엄마가 하라고 했어요"라는 말이다. 어느 날 고등학생과 진로에 관한 이야기를 나누었는데, 그 학생은 법대를 가고 싶다고 했다. 그 말에 내가 물었다. "너는 왜 법대에 가고 싶니?" 그러자 그 학생은 "엄마가 너는 법대랑 어울리니까 법대에 가서 검사나 변호사가 되면 좋겠다고 하셨어요"라고 이유를 말했다. 20대나 30대도 마찬가지였다. 비록 엄마가 시켰다는 얘기는 안 하더라도 대신 다른 대상이 제시한 기준에 자신을 맞추려는 모습을 흔히 볼 수 있다. 매스컴에 나오는 전문가나 유명인사들이 뭔가가 좋다고 하면 그대로 따라가는 것이다. 엄마가 하라면 하고 하지 말라면 안 하는 아이와 다를 것이 없다. 이들이 이런 사고방식을 가지게 된 것은 말을 잘 들으면 칭찬받는 분위기에서 자란 탓이 클 것이다. 이처럼 남의 말을 따르는 사람들은 이리저리 흔들리게 된다. 한 길을 우직하게 갈 수 없는 것이다. 자연스럽게 끈기와도 멀어지게 된다.

끈기를 가지기 위해서는 나만의 길에 확신을 가지고 꿋꿋이 걸어가야 한다. 때로는 고집처럼 보이고 불통처럼 보일 수 있다. 하지만 나만의 확고한 길이 있어야 한다. 주변의 이야기와 분위기에 휩쓸리면 안 된다. 주변의 분위기와 유행에 따르게 되면 나의 생각이 아닌 유행이 원하는 방향으로 나의 삶도 따라가게 된다.

대학에 입학할 때 부모님이나 주변의 이야기 또는 전문가들이 말하는 전망이 좋은 전공을 선택하는 사람은 금세 자신의 선택에 흔들리게 된다. 자신의 깊은 고민과 노력으로 선택한 것이 아니기 때문이다. 또한 자신을 파악하고 자신의 흥미와 꿈에 맞춘 길이 아니기 때문이다. 직업을 선택할 때도 마찬가지이다. 연봉이 높고 유명한 대기업이나 안정된 공무원이 되기 위해 모두 혈안이 되어 있다. 물론 이런 현상을 무턱대고 조롱할 수 없다. 하지만 모두가 같은 방향만을 바라본다는 건 어딘지 이상하지 않은가? 그들 중 대부분은 자신만의 길이 아닌 길을 가고 있는 경우가 많을 것이다. 자신의 길이 아닌, 남들이 원하는 길을 갈 가능성이 크다.

끈기와 나만의 길을 가는 것에는 어떤 연관성이 있을까? 사람은 스스로 결정하고 주도적으로 선택하는 가운데 행복감을 느낀다. 그렇게 선택한 나의 결정이라면 그 결과가 실패더라도 받아들일 수 있게 되는 것이다. 스스로 선택한 목표와 누군가의 조언과 안내를 통해서 결정된 목표는 큰 차이를 보인다. 나만의 길, 내가 선택한 길을 걸을 때 끝까지 이겨낼 힘이 생긴다.

나는 나만의 길을 선택하지 못했던 사람이다. 항상 타인의 눈을 의식했다. 어떤 것이 부모님을 기쁘게 할 수 있고, 어떤 것이 남이 보기에 괜찮을지를 고민했다. 자존감이 부족했던 나는 타인에게 보이는 내 모습이 너무나 중요했다. 그래서일까? 내가 좋아하는 걸 찾으려 노력하지 않았다. 아마 지금 이 글을 읽는 있는 사람들 중에도 공감하는 사람이 있을 거라고 생각한다. 어른들이 말하는 정답, 세상이 말하는 정답에서 벗어나지 못하고 살아온 것이다. 물론 그 모든 것이 틀리거나 잘못된 것은 아니다. 오해하지 않기를 바란다. 나의 주관이 없이, 나의 감정과 철학이 없이 결정하고 살아왔음을 말하고 싶은 것이다. 학창시절 모범생, 우등생이었던 학생들이 오히려 자신만의 길을 찾기 어려워한다. 자기 멋대로 살아본 경험이 부족하기 때문이다. 흔히 말해 자기 마음대로 '저질러 보지' 못했던 것이다. 그들은 정해진 좋은 길로만 가야 한다는 강박관념에 사로잡히고 만다.

시골의 작은 사립학교임에도 불구하고 명문대 입학생 수가 많아서 언론에 자주 소개된 거창고등학교 이야기를 해보려고 한다. 이 학교는 단순히 명문대에 보내기 위한 공부만 시키는 학교는 아니다. 학습뿐 아니라 인성교육도 병행하고 있고, 학생들의 자율을 존중하고 소명의식을 키워주는 교육법으로 유명하다. 그런데 이 학교에서 주목할 것이 하나 있다. 바로 '직업선택 십계명'이 있다는 점이다. 이 직업선택 십계명을 통해서 이 학교 졸업생들은 국내뿐 아니라 세계 곳곳에서 소명의식을 가지고 자신만의 분야를 만들어가고 있다.

거창고의 직업 십계명은 지금 '잘나가는' 직업을 철저히 배제하라고 말한다. 십계명을 보자.

하나, 월급이 적은 쪽을 택하라.

둘, 내가 원하는 곳이 아니라 나를 필요로 하는 곳을 택하라.

셋, 승진 기회가 거의 없는 곳을 택하라.

넷, 모든 조건이 갖추어진 곳을 피하고 처음부터 시작해야 하는 황무지를 택하라.

다섯, 앞을 다투어 모여드는 곳은 절대 가지 마라. 아무도 가지 않는 곳으로 가라.

여섯, 장래성이 전혀 없다고 생각되는 곳으로 가라.

일곱, 사회적 존경 같은 건 바라볼 수 없는 곳으로 가라.

여덟, 한가운데가 아니라 가장자리로 가라.

아홉, 부모나 아내나 약혼자가 결사반대를 하는 곳이면 틀림이 없다. 의심치 말고 가라.

열, 왕관이 아니라 단두대가 기다리고 있는 곳으로 가라.

이 십계명을 읽고 재미있다고 느낄 수도 있고 비현실적이라고 생각할 수도 있을 것이다. 하지만 분명히 이 십계명이 시사하는 바가 있다. 이토록 변화무쌍한 세상 속에서 지금의 유망한 직업이 과연 20년 후에도 유망하리라 보장할 수 있을까? 그렇지 않다. 중요한 것은 세상이 말하는 정답이 아니라 나만의 정답을 찾는 것이다. 나의 소명과 적성을 찾아서 우직하게 나만의 길을 걷는 사람에게는 반드시 기회와 보상이 따르게 마련이다. 기회와 유행을 따라가는 건 결국 바람 앞에 켜있는 촛불처럼 불안하기 그지없는 일이다. 나를 필요로 하는 곳에서 묵묵히 최선을 다한다면 미래는 밝을 것이다. 아무것도 갖추어지지 않은 곳에서 하나씩 만들어간다면 나의 실력과 경험은 일취월장하게 될 것이다. 장래성 있는 직업이라는 게 존재할까? 이제는 어떤 직업이든 소수의 능력과 자질을 갖춘 사람들만이 살아남고 인정받는 시대가 되었다. 결국은 내가 끈기를 가지고 꿋꿋이 나아갈 수 있는 길이 정답인 것이다.

거창고의 전성은 선생은 이렇게 말한다. "절대 부모가 하라는 거 하지 마. 인생 네가 사는 건데" 이 말이 다소 극단적으로 들릴 수는 있다. 하지만 말하고 싶은 본질은 이것이다. 설령 그것이 안정적인 수입을 보장할 수 없을지라도 재능이 있고 관심이 가는 일을 선택하라는 것이다. 그 과정에서 혹 고통과 역경에 처하게 될지라도 오히려 더 큰 삶의 가치에 눈뜨는 계기를 만날 수 있기 때문이다. 안정되고 성공하기만 하는 삶 속에서는 절대로 참 행복의 가치를 알아채기 어렵다. 『거창고 아이들의 직업을 찾는 위대한 질문』에 나오는 내용이다.

정답을 찾고자 나아가는 사람에게는 끈기가 어렵고 힘든 순간을 극복하는 힘이 아니라 의미 있는 일을 즐기는 힘이 될 것이다. 어렵고 힘든 일을 견뎌내는 끈기가 대단해 보이는가? 아니다. 그런 끈기를 발휘하고 있다는 것은 잘못된 길로 들어섰다는 걸 의미한다. 어쩌면 잘못된 길을 헤매고 있기에 힘든 것일 수 있다. 사실은 즐거운 끈기가 정답이다.

멋진 집을 그리며 설계하는 것이 너무나 행복한 사람인데, 돈을 잘 벌고 성공하기 위해서 건설회사에 입사하는 사람을 본 적이 있다. 그 사람은 타인의 눈으로 자신을 바라보았다. 물론 돈과 다른 것들을 무시할 수는 없다. 하지만 나의 길이 아니면 끝까지 걸어가기 힘들다. 문득 떠오르는 아련한 나의 꿈이 현재를 힘들게 할 수도 있고, 과거의 선택을 후회하며 자꾸만 뒤를 돌아보게 되기도 한다.

그래서 나는 지금 이 글을 읽고 있는 당신에게 당부하고 싶다. 당신의 생각이 옳다. 누군가의 생각에 당신을 끼워 맞추려고 하지 마라. 당신이 하고 싶고 당신이 하고자 하는 길이 정답이다. 나는 당신을 응원한다.

당신의 길을 꿋꿋이 걸어갔을 때 흔들리지 않고 끈기 있는 모습으로 멋지게 성장해 있을 것이다.

글을 쓰면서도 항상 나를 돌아봤다. 나의 현재 모습은 어떠한가? 누군가에게 조금이나마 도움을 줄 수 있을까? 끈기라는 것에 대해서 말할 자격이 있을까?

어떤 사람들은 말한다. 너처럼 사회적으로 특별히 성공하지도 않고 유명하지도 않은 사람이 이런 주제를 이야기한다는 것이 의미가 있느냐고.

하지만 나는 이렇게 생각했다. 나도 성공한 사람들의 이야기를 접하면서 큰 감동을 받았지만, 한편으로 이런 생각도 했다. '저 사람은 나랑은 다른 사람이야. 그래서 성공이 가능했던 거야' 그리고 이런 생각은 나만 하는 건 아니었다. 내 주변에서도 쉽게 찾아볼 수 있었다. 10대 학생들에게 성공한 사람들의 이야기를 들려주면 "에이, 그 사람은 공부를 잘해서 학벌이 좋잖아요", "그 사람은 나랑은 다르잖아요"라는 말을 했다. 20~30대 청년들조차 비슷한 답변을 내놓았다.

그래서 멋지고 배울 점이 많은 성공담일지라도 나와 같은 평범한 사람들에게는 쉽게 와 닿지 않을 수도 있겠다는 생각이 들었다. 그래서 나는 스스로를 돌아보면서 나의 실패 경험과 아주 느리지만 조금씩 성장해온 과정을 들려주고 싶었다. 나와 같은 평범한 사람이 어떻게 끈기를 키워나갔는지를 알려주고 싶었다.

자존감이 바닥을 치고, 하는 일마다 안된다고 푸념하며 인생을 부정적으로 바라볼 때 나는 문제점을 발견했다. 그리고 다시금 인생을 바꿀 방법을 고민했다. 그때 나의 문제는 끈기가 부족해서 자존감이 낮아지고 삶의 행복을 잃어버린 것이었다. 그래서 신앙과 일기를 통해서 나를 발견하는 과정을 거쳤다. 내가 나를 온전히 바라보고, 나를 판단하고, 나를 칭찬하고 격려하는 시간을 가졌다. 그러면서 나의 실패 원인을 찾아보기 시작했다. 원인이 조금씩 보이니까 극복하는 방안도 찾게 되었다. 그러는 가운데 삶의 가장 소중한 능력이 끈기임을 깊이 깨달았다. 그 후 만나는 모든 사람들에게 끈기를 이야기하기 시작했다.

끈기라는 것 역시 거창한 게 아니다. 아주 작은 실천이 큰 변화의 초석이 된다. 우리는 자꾸만 남들과 비교하려고 하는데 여기서 모든 문제가 시작된다. 끈기의 핵심은 나만의 길(My Way)을 가는 것임을 다시 한 번 말해주고 싶다. 주변의 조언과 도움도 물론 중요하다. 하지만 나를 가장 잘 아는 사람은 오직 나다. 나만의 길을 갈 때 우리는 흔들리지 않을 수 있고 끝까지 목적지를 향해 나아갈 수 있다. 나의 길이 없는 사람은 결국 다른 사람들이 만들어놓은 길을 따라가거나 남들이 시키는 대로 살게 된다. 타인의 인생을 살게 되는 것이다. 나의 인생은 내가 살아야 함을 잊지 말자. 그러기 위해서는 끈기의 힘을 키워야 함을 기억하자.

작은 끈기의 힘을 기른다면 분명 인생의 변화와 성장을 맛보게될 것이라 확신한다. 많은 성공한 인생 선배들의 모습을 기억하며오늘도 작은 성장의 기쁨을 위해서 전진하자. 나도 매일 성장하기위해 노력하는 중이다. 우리 함께 노력하며 서로 힘이 되어주기를소망한다. 아래는 이 글을 읽는 모든 분께 하고 싶은 말이다.

> "당신은 진정 소중한 존재입니다. 조금 부족해 보인다고 실망하지마세요. 당신만이 할 수 있는 것이 있고 당신만을 필요로 하는 곳이 있다는 사실을 기억하세요. 당신의 선택과 당신의 길이 옳습니다. 당신을 응원합니다."

마지막으로 나의 하나밖에 없는 반쪽이며 든든한 지원자인 사랑할 수밖에 없는 아내, 김선미 작가에게 사랑과 감사를 전합니다. 아내가 없었다면 아무것도 시도하지 못하고 이루지 못했을 것을너무나도 잘 알고 있기 때문입니다. 또한 언제나 노심초사 자녀들의 건강과 행복을 위해 온 마음으로 응원해주시고 기도해주시는양가 부모님께 진심으로 감사의 말씀을 전합니다. 책을 쓸 기회를알려주신 지수경 작가님과 모든 과정을 꼼꼼히 지도해주시고 코칭해주신 이은대 작가님께도 감사의 인사를 드립니다. 그리고 이 모든 과정을 함께 인도하여 주신 하나님 아버지께 감사와 영광을 돌립니다.

참고 문헌

1. 김규환, 『어머니 저는 해냈어요』, 김영사, 2009

2. 사이쇼 히로시, 『아침형 인간』, 한스미디어, 2003

3. 할 엘로드, 『미라클 모닝』, 한빛비즈, 2016

4. 니시다 후미오, 『된다 된다 나는 된다』, 흐름출판, 2008

5. 이재범, 『블로그 글쓰기』, 평단, 2016

6. 최창호, 『결심중독』, 스노우폭스북스, 2016

7. 이은대, 『내가 글을 쓰는 이유』, 슬로래빗, 2016

8. 마쓰시타 고노스케, 『마쓰시타 고노스케, 길을 열다』, 청림출판, 2009

9. 조혜련, 『조혜련의 미래일기』, 위즈덤하우스, 2009

10. 나폴레온 힐, 『생각하라 그러면 부자가 되리라』, 국일미디어, 2011

11. 지수경, 『인생을 바꾸는 아주 작은 습관』, 프로방스, 2016

12. 황농문, 『몰입 1』, 알에이치코리아, 2007

13. 강현정, 전성은, 『거창고 아이들의 직업을 찾는 위대한 질문』, 메디치미디
   어, 2015